NEALE DONALD WALSCH

ESTA MENSAGEM DE DEUS — É PARA VOCÊ —

Tradução de Markus Hediger

AGIR

Editora Nova Fronteira Participações S.A.
Rua Nova Jerusalém, 345 – Bonsucesso – 21042-235
Rio de Janeiro – RJ – Brasil
Tel.: (21) 3882-8200 – Fax: (21)3882-8212/8313

CIP-BRASIL. CATALOGAÇÃO-NA-FONTE
SINDICATO NACIONAL DOS EDITORES DE LIVROS, RJ

W19e

Walsch, Neale Donald
Esta mensagem de deus é para você / Neale Donald Walsch ; tradução Markus Hediger. - 1. ed. - Rio de Janeiro : Agir, 2015.
240 p.

Tradução de: God's message to thw world
ISBN 978-85-220-3112-2

1. Vida espiritual. 2. Religião. I. Título.

CDD: 291.4
CDU: 2-41

UM TESTE RÁPIDO

As seguintes afirmações são verdadeiras ou falsas?

Deus deve ser temido. Deus talvez nem exista.

Deus exige obediência. Deus determina o que é certo e o que é errado.

Deus exige que creiamos nele e que o adoremos de um modo específico.

Deus é vingativo, e o seu amor pode se transformar em ira.

Deus estava em guerra com o diabo, e foi assim que tudo começou.

Precisamos do perdão de Deus para entrar no céu.

Deus honra o autossacrifício, o sofrimento (preferivelmente em silêncio) e o martírio.

Às vezes Deus responde às nossas orações; outras vezes, não.

Deus nos recompensará ou nos punirá no Dia do Juízo.

Deus quer que nós voltemos para o céu. Deus está separado de nós.

Deus tem um plano para nós. Deus está do nosso lado.

Gabarito: *Todas essas afirmações são FALSAS.*

É possível que tudo que acreditamos saber sobre Deus e sobre o que ele quer esteja errado? As ideias da humanidade sobre Deus poderiam ser o maior equívoco... de todos os tempos?

Numa linguagem direta e espiritualmente desafiadora, Walsch, autor da série campeã de vendas *Conversando com Deus*, expõe as muitas formas em que, a seu ver, a humanidade está completamente equivocada em relação a Deus. Em termos claros, o autor descreve como o mundo poderia mudar de um dia para o outro se os seres humanos compreendessem de maneira correta quem Deus é, o que Deus quer, quem as pessoas são em relação a Deus e em relação umas às outras. Walsch chama isso de "o dado ausente", que, se aceito e incorporado aos nossos atos, criaria uma revolução espiritual no mundo inteiro, trazendo enfim paz interior e exterior para a humanidade.

Nós nos importamos com as razões pelas quais a nossa espécie tem sido um fracasso tão grande? Nós nos preocupamos com o futuro da humanidade? Desejamos saber como reverter toda essa situação num piscar de olhos? Se você se preocupa com estas perguntas e deseja encontrar respostas, leia este livro.

Para cada um que busca com sinceridade.

CAPÍTULO 1

O fundamento de tudo

Não é pouca coisa estar enganado em relação a Deus.

E, se quase todas as pessoas estão enganadas em relação a Deus, *realmente* não é pouca coisa.

Se quase todos neste planeta têm noções equivocadas sobre Deus, então quase tudo o que todos estão fazendo não funcionará do jeito que deveria. Isso se deve ao fato de que o fundamento de muito daquilo que estão fazendo se encontra em muitas convicções suas sobre Deus.

Acha que não?

Pense de novo.

Quase todas as leis da civilização moderna emergiram de regras e leis antigas de alguma tradição de fé. Quase todos os códigos morais da humanidade derivam de mandamentos de alguma religião. Quase todos os movimentos políticos e quase todas as teorias econômicas se baseiam em ideias de justiça, de "certo e errado" e de equidade desenvolvidas originalmente por mestres religiosos.

Até mesmo aqueles que não creem em Deus sofrem o impacto e são guiados por muitos dos princípios fundamentais estabelecidos ao longo da história por aqueles que creem.

E um número surpreendente de decisões pessoais de bilhões de indivíduos no mundo inteiro é tomado dentro do contexto daquilo que eles acreditam ser o propósito da vida, daquilo que acreditam acontecer quando esta vida acabar, daquilo que acreditam sobre Deus e sobre o que ele quer.

Portanto, não é pouca coisa estar enganado sobre Deus.

*

Proposição: Nenhum dos sistemas que criamos para melhorar a vida neste planeta está funcionando.

Espere. É pior.

Os sistemas que criamos não só não produziram os resultados pretendidos; na verdade, estão produzindo *exatamente o oposto*.

Eu já disse isso antes, em livros anteriores. E creio que vale a pena repetir mais uma vez.

Na verdade, nossos sistemas políticos estão *aumentando* a discórdia e a desordem. Nossos sistemas econômicos estão *aumentando* a pobreza e o abismo entre os ricos e os pobres. Nossos sistemas ecológicos estão *aumentando* a degradação ambiental.

Nossos sistemas de saúde estão *aumentando* a desigualdade de acesso à medicina moderna e aos serviços de assistência médica. Nossos sistemas educacionais estão *aumentando* a disparidade de conhecimento. Nossos sistemas sociais estão *aumentando* as desigualdades, a falta de harmonia e a injustiça.

E — isso seja talvez o mais triste — nossos sistemas espirituais estão *aumentando* a intolerância, a raiva, o ódio, a violência e a guerra.

Se a melhoria da vida humana na terra fosse um experimento de laboratório, há muito ela teria sido considerada um fracasso total. De fato, um desastre apavorante.

*

Nem todos concordam. Existem aqueles que acreditam que a humanidade está evoluindo para níveis cada vez mais altos de sofisticação e de conquistas, produzindo uma qualidade de vida cada vez maior para todos os membros da nossa espécie.

No entanto, é possível que essas pessoas não façam parte dos 842 milhões de pessoas (uma em cada oito pessoas no mundo) que não têm o bastante para comer. Tenho certeza de que não são pais das mais de 650 crianças que morrem de fome a cada hora.

Creio que não façam parte dos 20,9 milhões de mulheres e crianças que são compradas e vendidas para a escravidão sexual todos os anos.

Imagino também que não façam parte dos mais de 3 bilhões de pessoas que vivem com menos de 2,50 dólares por dia, ou dos bilhões de pessoas que não têm acesso à assistência médica. (Mais ou menos 19 mil crianças morrem todos os dias em decorrência de problemas de saúde facilmente evitáveis, como malária, diarreia e pneumonia.)

É provável que também não façam parte do 1,7 bilhão de pessoas que não têm acesso a água limpa, ou dos 2,6 bilhões de pessoas sem saneamento básico, ou do 1,6 bilhão de pessoas — um quarto da humanidade — que vivem sem eletricidade.

Você leu corretamente. No início do século XXI, *2,6 bilhões de pessoas vivem sem banheiros, e 1,6 bilhão de pessoas, sem eletricidade.*

"Como isso é possível?", você se pergunta. E essa é uma pergunta muito boa.

É uma pergunta particularmente boa diante do fato de que os seres humanos se consideram uma espécie "civilizada". Para as pessoas das estatísticas mencionadas, a "civilização da Civilização" ainda nem começou.

Um planeta em que 5% da população possuem ou controlam 95% das riquezas e dos recursos — e em que a maioria desses 5% acha que isso está certo, mesmo enquanto um número inconcebível de pessoas sofre privações e enfermidades — não me parece ser um planeta que conquistou muitos avanços humanitários.

Tudo isso é possível por causa dos valores coletivos daqueles que poderiam fazer algo a respeito disso. E de onde vêm esses valores? Acredito que, em grande parte, eles derivam de crenças bem-intencionadas, mas equivocadas, sobre Deus nutridas por muitos seres humanos — inclusive por aqueles que não acreditam em Deus.

*

Alguém se importa com o fato de nossa espécie ter sido um fracasso tão grande? E por quê?

Alguém acredita que *não* tenha sido um fracasso?

Alguém deseja saber como toda essa situação pode ser revertida num piscar de olhos?

Alguém quer saber como sua vida pessoal pode mudar para melhor por meio da adesão a uma única ideia?

E *você*? Você deseja saber?

CAPÍTULO 2

Você está preparado para o grande e se?

Se você achou que este seria um livro fácil, estava enganado. Se, por outro lado, está disposto a aceitar um desafio intelectual e espiritual intrigante e muitas vezes controverso, você veio para o lugar certo.

E mais do que isso: este pode ser também um dos livros mais importantes que você lerá em toda a sua vida. É exatamente isto que ele pretende ser para o mundo: um dos livros mais importantes já lidos.

Se isto lhe parece pretencioso, sinto muito. Mas está na hora de fazer declarações ousadas. Deus sabe que está na hora.

Este livro explora 17 afirmações sobre Deus. E aqui estão elas:

- Deus deve ser temido.
- Deus pode não existir.
- Deus existe e é um ser sobre-humano do sexo masculino.

- Deus exige obediência.
- Deus nos vê como imperfeitos, e não podemos retornar para ele num estado de imperfeição.
- Deus exige que acreditemos nele e que o adoremos de um modo específico.
- Deus é vingativo, e o seu amor pode se transformar em ira.
- Deus estava em guerra com o diabo, e foi assim que tudo começou.
- É Deus quem determina o que é certo e o que é errado.
- Precisamos do perdão de Deus para entrar no céu.
- Deus tem um plano para nós.
- Deus está do nosso lado.
- Deus honra o autossacrifício, o sofrimento (preferivelmente em silêncio) e o martírio.
- Às vezes Deus responde às nossas orações; outras vezes, não.
- Deus nos recompensará ou nos punirá no Dia do Juízo.
- Deus quer que nós voltemos para o céu.
- Deus está separado de nós.

Nenhuma dessas afirmações é verdadeira.

*

Verdadeiras ou falsas, essas afirmações resumem o que a maioria das pessoas que acredita na *existência* de Deus acredita *sobre* Deus.

Este livro desafia essas crenças. Nestas páginas examinaremos a fundo o grande *e se?*

E se apenas metade dessas afirmações não forem verdadeiras? E se apenas um terço delas forem falsas? E se *uma única* dessas afirmações se revelar incorreta?

O que aconteceria seria isto: se apenas uma das 17 afirmações sobre Deus estiver errada, a lista inteira cai por terra. O dogma do mundo sobre a Deidade se dissolve. Pois cada uma depende das outras para que o dogma como um todo se sustente.

No entanto, o propósito deste livro não é desmascarar a crença de qualquer pessoa em Deus, muito pelo contrário. O propósito é recriar essa crença, torná-la maior e melhor do que já foi, revelando um Deus que é maior e melhor do que a maioria das pessoas jamais imaginou.

Portanto, não se surpreenda se algumas coisas que serão ditas aqui o levarem aos limites de sua zona de conforto. Certamente desafiarão a credibilidade.

Se fossem instantânea e totalmente críveis, *as pessoas estariam acreditando em si mesmas agora.* A maioria das pessoas não acredita em si mesma por uma razão notavelmente triste: são boas demais para serem verdade.

Porém, se crenças sobre *Deus* podem ser boas demais para serem verdade, *o que poderia ser verdade*?

Mesmo assim, entendo perfeitamente se você achar preocupante se aventurar numa exploração sobre Deus que o leve além dos limites aos quais está acostumado. Entretanto, explorar nossas concepções sobre Deus não deveria ser uma experiência desagradável ou inquietante.

Tampouco deveria produzir raiva. Mesmo se este livro não conseguir nada além de confirmar suas crenças atuais sobre Deus, ele terá feito exatamente o que pretende fazer. Você entende isso, não entende? O que este livro quer fazer é apontá-lo para sua verdade mais íntima — e convidá-lo a vivê-la de forma mais profunda.

O livro simplesmente levanta a questão. Ele inicia a discussão. Ele o convida para uma análise muito pessoal daquilo em que você crê. Neste sentido, ele não tem como falhar, a não ser que *você* se recuse a interagir com ele com a profunda pureza de seu coração, com um profundo desejo de fazer o que, como eu já disse, poderia ser a exploração pessoal mais importante de sua vida.

*

Deus o *convida* a questionar. Deus o *convida* a se perguntar. Deus o *convida* a chegar às suas próprias conclusões, a não aceitar cegamente as conclusões de terceiros. Isto é coragem, não blasfêmia. E, pelo que soube, Deus não castiga coragem.

O que deveria nos alarmar é o *não* questionamento das nossas concepções — *sempre*. Isso pode causar mais do que uma simples paralisação do nosso crescimento pessoal e espiritual. Se milhões de nós decidissem "ficar parados", se milhões de nós simplesmente nos recusássemos a até mesmo explorar ou investigar ideias e crenças sobre Deus além daquelas que já adotamos, isso não seria bom para a nossa espécie.

Milhões de nós *decidimos* "ficar parados".

Isso não tem sido bom para a nossa espécie.

Na verdade é uma das razões principais pelas quais essas condições profundamente desiguais existem em nosso planeta e pelas quais um número tão grande de pessoas está infeliz — inclusive muitas daquelas que, supostamente, estão vivendo a "vida boa".

Quando até mesmo pessoas que você acredita terem *todas as razões para serem felizes* não estão felizes, *você sabe que algo está errado*. E sabe que o problema é *sistêmico*, caso contrário tantas pessoas não estariam infelizes na maior parte do tempo.

Não deveria ser assim. Não faz sentido. Num planeta tão abençoado quanto o nosso, com uma espécie tão inteligente, inovadora e engenhosa como a nossa, isso não deveria estar acontecendo. Algo não está certo.

Aqui, então, está a pergunta sobre a qual todos nós devemos refletir:

É possível que exista algo que não compreendemos completamente sobre Deus, uma compreensão que poderia mudar tudo?

CAPÍTULO 3

O que os seres humanos simplesmente se recusam a fazer

A pergunta final do capítulo anterior é a primeira de uma lista que você encontrará neste livro. E esta primeira pergunta é justamente aquilo que a humanidade mais se recusa a ouvir.

Parecemos estar indispostos a — na verdade, parecemos ser *incapazes* de — aceitar ao menos a *possibilidade* de estar errados em relação *a qualquer coisa* relacionada a Deus.

Quero convidá-lo a observar algo.

Não algo pequeno. Algo *grande*.

Observe que a humanidade tem sido surpreendentemente indisposta a fazer numa área importante da vida aquilo que ela tem feito prontamente em qualquer outra área da experiência terrena.

Ela o fez na ciência. Ela o fez com alegria e produziu descobertas extraordinárias por causa disso.

Ela o fez na medicina. Ela o fez com alegria e produziu milagres surpreendentes por causa disso.

Ela o fez na tecnologia. Ela o fez com alegria e produziu progressos incríveis por causa disso.

Ela não o fez na área das crenças, sobretudo na área das crenças sobre Deus.

Pelo fato de a humanidade ter feito aquela coisa específica em todas as outras áreas, nós fomos capazes de efetuar progressos maravilhosos para melhorar o potencial e a alegria da vida. Mas esse progresso alcançou apenas uma percentagem minúscula da população mundial (bilhões de pessoas, lembremo-nos disso, ainda não têm acesso à conveniência mais simples da eletricidade ou à dignidade mais simples proporcionada por banheiros). O limite desse alcance resulta do fato de que a humanidade não está fazendo aquela coisa na área mais importante da experiência humana.

E o que é isto que, teimosos, nos recusamos a fazer nesta área crítica, mas que temos feito com disposição e boa vontade em todas as outras áreas de empreendimentos humanos?

Questionar a proposição primordial.

*

Na ciência, fazemos uma descoberta apenas se questionarmos a proposição primordial em todos os seus aspectos. Na medicina, descobrimos uma cura apenas se questionarmos cada suposição na qual a cura se fundamenta. Na tecnologia, criamos uma aplicação nova e maravilhosa apenas se questionarmos seu valor, colocando-a à prova para que, então, ela comprove seu valor.

Em cada uma dessas áreas, no momento em que decidimos que uma conclusão à qual chegamos está "certa", *nós questionamos a proposição primordial.*

Na área das nossas crenças, porém, não fazemos nada disso. Na verdade, fazemos o oposto. Dizemos que questionar a proposição primordial é um ato de blasfêmia, apostasia, heresia. O resultado disso é que estamos avançando no século XXI ainda crendo firmemente e funcionando com base em ideias, crenças e conclusões sobre Deus provenientes do século I — ou de antes disso.

Se agíssemos assim na medicina, ainda estaríamos fazendo cirurgias com uma pedra afiada.

CAPÍTULO 4

A maioria das pessoas concorda: Deus fala conosco

Antes de prosseguirmos, você deveria saber de onde vem tudo isso que tenho discutido.

Eu sou o autor da série de livros *Conversando com Deus*. E foi nesses diálogos que eu recebi a informação que compartilho com você aqui.

Talvez você pense que minha convicção de realmente ter conversado com Deus seja bizarra — para dizer o mínimo. No entanto, *praticamente todas as pessoas que acreditam em Deus insistem em afirmar que ele fala diretamente com seres humanos.*

Ao que parece, existe pouca controvérsia em relação a isso. Na verdade, os seguidores de praticamente todas as grandes religiões defendem que suas doutrinas se baseiam nos ensinamentos de alguém que eles acreditam ter se comunicado diretamente com o Divino.

Eu concordo com eles.

Acredito que Deus inspirou Lao Tsé, incentivou um questionamento maior da vida em Buda, falou diretamente com Moisés, revelou a Divindade por meio de Jesus, explicou os grandes mistérios da vida a Maomé, sussurrou verdades profundas nos ouvidos de Bahá'u'lláh, se comunicou com Joseph Smith por meio de um anjo e falou com uma longa lista de pessoas não mencionadas aqui.

E essa lista não se limita a homens. O ponto de vista da humanidade, historicamente orientado pela perspectiva masculina, fez com que dedicássemos uma atenção maior às palavras destes e de outros chamados homens santos, mas muitas mulheres também ouviram a voz de Deus e compartilharam a revelação divina com a humanidade.

Entre elas se encontram santa Isabel, a Virgem Maria; Melânia, a Velha; Hildegarda de Bingen; Teresa de Ávila; e Joana d'Arc. E mais recentemente, H.P. Blavatsky, Annie Besant, Madre Teresa, Mata Amrtanandamayi Devi e Mãe Meera. Esta lista também inclui muitos nomes não mencionados aqui.

Não me considero à altura desses indivíduos. Não em termos do impacto que tiveram e continuam a ter sobre a humanidade e certamente não em termos de seu desenvolvimento espiritual pessoal. Mas acredito que eu — e todo ser humano que já viveu, vive agora e viverá no futuro — seja igual às pessoas mencionadas em termos de merecer receber uma mensagem de Deus.

E vou mais longe ainda. Eu sei que Deus *está* falando com todos nós. A cada minuto, a cada hora, a cada dia.

Acontece que chamamos a comunicação de Deus de algo diferente. Acaso. Coincidência. Intuição feminina. Inspiração. Ideia brilhante. Gênio. Intervenção divina. Providência... Qualquer coisa que acreditamos poder dizer sem sermos ridicularizados, marginalizados ou ignorados.

Somos rejeitados se dizemos que Deus falou conosco *ontem*, veja bem, porque, apesar de concordarmos que Deus falou com seres humanos "no passado remoto", não estamos tão dispostos assim a afirmar que Deus fala com as pessoas *nos nossos dias*.

Deus falou diretamente com Moisés no topo da montanha? Sem dúvida. Deus revelou a natureza da Divindade e do verdadeiro relacionamento da humanidade com o Divino a Bahá'u'lláh duzentos anos atrás? Milhões não duvidam disso. Deus falou diretamente com uma pessoa em Tuscaloosa, no Alabama, ou em Hamburgo, na Alemanha, 24 horas atrás? Não. *Para a grande maioria das pessoas, a resposta seria não.*

Por quê? Porque a maioria das pessoas não conhece bem, até hoje, a verdadeira natureza da Divindade, o verdadeiro relacionamento de Deus com os seres humanos, a verdadeira razão e o verdadeiro propósito de toda a vida e a verdadeira identidade, missão e intenção da alma.

Tudo isso acabará aqui. Tudo ficará muito claro.

*

O texto que você tem em mãos é uma extensão dos meus livros *Conversando com Deus*. Apesar de não ser apresentado em forma de diálogo, este conteúdo foi inspirado pelo Divino da mesma forma que os escritos anteriores e é resultado destes.

Se você leu algum ou vários de meus livros, o que encontrará aqui lhe parecerá bem familiar. É diferente apenas na forma de sua exposição, simples e muito direta, mas é familiar em termos de conceitos e conteúdo.

E aposto que você não tem nada contra isso.

Por quê? Por duas razões.

Em primeiro lugar, você sabe que, para onde quer que os seres humanos tenham se voltado durante os últimos milênios, eles têm ouvido a mesma velha história cultural tradicional — e é exatamente por isso por que a maioria da humanidade permanece fiel a ela. Ela é *familiar*, ou seja, *confortável* — apesar de ter colocado toda a nossa espécie em uma situação extremamente *desconfortável*. Portanto, você sabe que é apenas por meio do uso *do mesmo instrumento da repetição* que uma nova história cultural pode se tornar confortável, permitindo assim que seja aceita e acatada como parte do próximo passo na evolução da humanidade.

Em segundo lugar, a exploração profunda dos elementos mais importantes da nova história cultural que oferecemos aqui é mais do que um mero eco de articulações anteriores. Trata-se de um *foco* aguçado numa mensagem poderosa única, uma mensagem que abala, altera, corrige e reconstrói o fundamento sobre o qual a nossa sociedade global construiu seus sistemas disfuncionais atuais.

Qual é essa mensagem poderosa única?

Nós nos enganamos em relação a Deus.

*

Talvez você pertença a uma segunda categoria de pessoas, aquelas que não leram nenhum livro da série *Conversando com Deus*, mas que ouviram sobre eles e que talvez se perguntaram por que eles estão recebendo tanta atenção.

Se você pertencer a tal grupo, verá que este texto fala de suas declarações mais surpreendentes e cristaliza as mensagens que têm tocado as vidas de pessoas no mundo inteiro de forma maravilhosamente positiva e profundamente benéfica.

Por fim, se você pertencer ao maior grupo de pessoas que formam uma terceira categoria, você nunca leu um livro da série *Conversando com Deus* e nunca ouviu algo sobre eles, descobrirá que o restante deste livro oferece uma visão lúcida, revigorante e provocante — e, sobretudo, necessária — dos aspectos centrais da experiência humana: uma expedição espiritual que pode despertá-lo para uma vida (e um mundo) de novas possibilidades.

CAPÍTULO 5

Nossos erros bem-intencionados

Nós não pretendíamos prejudicar qualquer pessoa com nossa antiga história cultural. Pelo contrário, queríamos que a humanidade fosse iluminada. Estávamos nos esforçando ao máximo. No entanto, é como a maravilhosa Maya Angelou nos diz: "Quando sabemos melhor, agimos melhor." E agora sabemos melhor.

Estamos mais velhos agora. Mais maduros. Certamente ainda nos encontramos nas fases iniciais da nossa juventude como espécie, mas pelo menos já saímos da fase de recém-nascidos. E pessoas no mundo inteiro estão se abrindo para novas verdades sobre Deus — que, na verdade, não são nada novas, pois Deus as revelou ao longo de todo o caminho, mas neste momento estão sendo compreendidas de forma mais completa por uma espécie que está despertando.

Hoje, não só uma, duas ou algumas poucas, mas milhões de pessoas no mundo inteiro estão ouvindo a mensagem original de Deus, e não mais a nossa antiga história cultural *sobre* ela.

Essa mensagem original foi dada à humanidade durante as reflexões mais antigas dos primeiros membros da nossa espécie. Ela foi compartilhada pelos mais sábios do nosso clã, pelos anciãos da nossa tribo, pelos videntes e místicos em nosso meio. A mensagem nunca deixou de nos alcançar e hoje está alcançando a humanidade de forma mais universal e precisa do que em toda nossa história, na mesma medida em que aumentamos nossa capacidade de recebê-la, compreendê-la e compartilhá-la.

Não é por acaso que quase todas as interpretações compreensivas atuais da mensagem original contêm observações coincidentes, chegam a conclusões semelhantes e descrevem realidades próximas.

O texto que você tem em mãos concentra muitas dessas conclusões e foca na nova espiritualidade atual: o simples, mas surpreendente reconhecimento de que nossa antiga história cultural *continha muitas imprecisões.*

Como resultado desses erros, agimos de forma disfuncional na maneira como cultivamos a vida neste planeta. Mas agora estamos prontos para, enfim, explorar os pontos em que não acertamos tudo perfeitamente.

E Deus está nos ajudando agora. Nestes dias, Deus está nos ajudando. Como já nos livros espirituais do passado, é disso que tratam os livros espirituais de hoje.

Eles são a mensagem original de Deus interpretada. Não pelo filtro da antiga história cultural da humanidade. Mas por novas lentes e com a disposição de fazer as seguintes perguntas: existiria uma nova história cultural esperando para ser descoberta por nós? Poderia ela ser a história contada originalmente antes de ser distorcida?

Existiria uma história tão radicalmente diferente, tão milagrosamente transformadora, tão maravilhosamente próxima à mensagem divina original que foi preciso apenas a humanidade crescer um pouco para começar a compreender sua magnificência? *Seria Deus quem está continuando a nos enviar sua mensagem original e a nos convidar a ouvi-la e recebê-la continuamente através dos milênios, sempre com ouvidos novos e mais amadurecidos?*

*

Teríamos nós, como espécie, a coragem de questionar a proposição primordial?

Deus está nos dizendo que cometemos alguns erros. É isso, clara e simplesmente. E Deus está sendo bem específico em relação a isso. A lista dos nossos maiores equívocos sobre Deus já foi apresentada aqui. Mas não se confunda. Essas não são as proposições que nos recusamos a questionar.

A proposição primordial é esta: "Tudo que nos disseram e ensinaram sobre Deus é perfeitamente preciso e absolutamente, completamente, correto."

Não houve equívocos. Nenhum. Nossos mestres expressaram a verdade imutável.

Não apenas os papas, que muitos consideram infalíveis, mas cada mestre e cada doutrina espiritual aos quais temos nos agarrado durante tanto tempo.

A proposição de cada geração é que cada ensinamento, dogma, princípio, preceito, máxima, cânone, credo e ideologia do mensageiro favorecido por nosso grupo deveria ser cumprido ao pé da letra.

Por que é tão difícil questionar essa proposição?

Bem... ignorando por ora o desafio de 21 grandes religiões existentes no mundo de hoje (e, chutando por baixo, de algo próximo a 4.200 grupos religiosos ao todo), ficamos frente a frente com uma simples questão de necessidade pessoal.

Precisamos ter *fé* em *alguma coisa*. Somos uma espécie frágil, e, se não pudermos ter fé nos sistemas que criamos — em nossas construções políticas, econômicas, educacionais, ambientais e sociais —, precisamos pelo menos poder acreditar naquilo que construímos em torno da nossa Deidade.

Pelo menos a maioria de nós precisa. Segundo a última contagem, quase 5 bilhões de pessoas no mundo confessam acreditar na existência de um ser supremo ou de um poder maior. A maioria das pessoas aprendeu que aquilo que acredita sobre esse poder maior é inviolável, nunca pode ser negado, atacado ou desonrado. Oscilar na fé pode ter consequências muito desagradáveis.

E, assim, nós nos prendemos ao que conhecemos sobre as nossas proposições primordiais sobre Deus. Nada pode nos afastar delas.

Existe outra razão pela qual muitos de nós fazem isso. Tem a ver com a nossa necessidade de acreditar não só naquilo que construímos, mas nas pessoas que nos disseram como construí-lo. Precisamos e queremos acreditar em nossos pais. E em nossos ancestrais. E nos ancestrais deles.

Tudo isso tem a ver com tradição.

Cultura e tradição.

Sair de sua cultura, violar sua tradição faz você se sentir um traidor, uma pessoa que abandonou tudo o que veio antes e tudo o que foi produzido em seu passado ancestral. Precisamos ter fé nisso. Caso contrário, *quem seríamos*?

Devemos nos reinventar por completo a cada geração? Todo o conhecimento e os ensinamentos dos nossos anciãos não significam nada? *Tudo* hoje em dia é descartável?

São perguntas justas, e qualquer pessoa inteligente com algum respeito pelo passado deve fazê-las. No entanto, fiquei impressionado com uma observação feita numa entrevista com o dr. Bertrand Piccard na edição de maio de 2014 da revista de bordo da *Lufthansa*.

Ao folhear as páginas dessa revista durante um voo para Bucareste, onde eu palestraria em um retiro de renovação espiritual, descobri uma história fascinante sobre o dr. Piccard, que nasceu em 1958 em uma família de cientistas e exploradores.

Seu avô, Auguste, tornou-se a primeira pessoa a alcançar a estratosfera num balão, em 1932. Seu pai, Jacques, foi o primeiro a explorar as profundezas da Fossa das Marianas num submarino, em 1960. Bertrand estudou medicina e trabalhou como psiquiatra e psicoterapeuta. Em 1999, tornou-se a primeira pessoa a dar a volta ao mundo num balão. Em outras palavras, este homem é um pioneiro. Foi essa qualidade de seus antepassados, da história de sua própria família, de sua rica tradição, que ele honrou.

Na entrevista que li, o dr. Piccard disse:

> Eu gosto de falar com pessoas que têm uma visão diferente do mundo [...], é como um exercício de alongamento para a mente [...]. Outra coisa que eu pratico regularmente é colocar minhas convicções à prova. E se eu estiver errado naquilo que pressuponho e o exato oposto for verdade? Como isso mudaria minha visão do mundo?

CAPÍTULO 6

Precisamos reconhecer: já cometemos erros antes

É possível que nossas suposições atuais sobre Deus sejam imprecisas e que, em alguns casos, o exato oposto seja correto? Isso mudaria nossa visão do mundo?

Estarmos *certos* durante todos esses séculos nos trouxe algum benefício? Questionar e cogitar a possibilidade de estarmos errados causaria algum mal?

Se não estivermos dispostos a testar nossas suposições, poderíamos muito bem declarar aqui e agora que o nosso processo evolutivo chegou ao fim. Não estamos indo para lugar algum. As coisas são o que são. É assim que sempre foi e é assim que sempre será.

O mundo não é plano? A terra não é o centro do universo, em torno da qual giram o sol e as estrelas?

Se — e apenas se — a raça humana não aguentar mais as suas condutas disfuncionais de "não mude sua história até o final" (sem falar de suas atitudes vingativas e violentas), ela avançará em sua análise das causas de sua própria conduta.

Fato é que *crenças* geram comportamentos, e o que acreditamos é que temos um Deus violento e vingativo. Um Deus ciumento. Um Deus de ira e de retribuição. "A vingança é minha", diz o Senhor.

Sério? Bem, aparentemente sim. A Bíblia Sagrada relata a matança de mais de dois milhões de pessoas pela mão ou por ordem de Deus.

Isso pode ser verdade? Ou poderia a Bíblia estar "errada" em relação a isso? Falando nisso: a Bíblia poderia estar "errada" em relação a qualquer coisa?

E o Corão? E a Bagavadguitá? E a Torá, a Mishná, o Talmude?

Poderia haver um erro na Rigveda, nas Brâmanas, nas Upanixades? Existem noções equivocadas no Maabárata, no Ramáiana, nos Puranas? E quanto ao Tao-te Ching, ao Darma, ao Darmapada, ao Shiji ou ao Cânone Pali? Devemos acreditar em cada palavra do Livro de Mórmon?

Nem todas essas fontes falam de um Deus violento, mas todas falam de *verdades maiores*, e milhões têm sido tocados por aquilo que dizem. A questão é esta: todos nós temos acreditado nas palavras de todas essas escrituras sagradas, e — para repetir uma pergunta justa mais uma vez — aonde isso nos levou? Está na hora de questionar a proposição primordial?

Talvez, sim.

*

Não, não talvez. Com certeza absoluta.

Mas por quê? E se *realmente* estivermos enganados em relação a Deus? Que diferença isso faria?

Isso teria algum impacto concreto sobre o nosso dia a dia? Realmente teria um efeito sobre todo o planeta?

É claro que sim.

Mas antes cada pessoa com um cérebro precisa se perguntar: como é que, se Deus tem comunicado as suas verdades diretamente aos seres humanos (como alegam tantas religiões), as mensagens compartilhadas por esses seres humanos não são idênticas? Por que existem tantas diferenças, algumas sutis e outras mais significativas?

O que está se tornando cada vez mais claro é que, apesar de ter sido Deus que estava *enviando* essas mensagens, quem as *recebia* eram seres humanos. E quem *interpretava* o que recebiam também eram seres humanos.

Em poucas palavras: a mensagem original era clara, mas nem todos os mensageiros foram claros. Isso vale especialmente para aqueles que receberam a mensagem daqueles que a receberam, ou seja, os *intérpretes* daquilo que os primeiros mensageiros ouviram e compartilharam.

Isso não é a culpa dos intérpretes. Simplesmente reflete a habilidade de todos os membros de uma espécie à qual a mensagem foi enviada de compreendê-la por completo quando ela foi apresentada pela primeira vez. Isso, por sua vez, também tem a ver com o momento no decurso da evolução da espécie em que a mensagem foi inicialmente recebida.

No caso da humanidade, isso ocorreu há muitos milhares de anos, e desde então evoluímos bastante, e, assim, aumentamos nossa capacidade de *compreender* o que a mensagem original dizia.

Por isso, devemos admitir: as primeiras interpretações da primeira mensagem podem não ter sido total, absoluta e completamente corretas. E é disso que estou falando aqui. Não estou dizendo que a religião em si tenha errado em todos os pontos. O que eu alego é que a informação pode ter sido incompleta, e, portanto, não completamente correta.

Poderíamos, no mínimo, admitir isso?

*

Estamos começando a fazê-lo. Demorou muito, mas estamos começando a fazê-lo.

Exemplo: em 22 de abril de 2007, a Igreja Católica Romana revogou seu ensinamento centenário sobre o limbo.

Durante séculos, a Igreja havia ensinado que as almas de crianças mortas antes do batismo iriam para um lugar chamado limbo, onde viveriam felizes para sempre, mas estariam privados da "visão beatífica". Em outras palavras: elas não estariam na companhia ou na presença de Deus.

Então, em 2007, um conselho consultivo da Igreja, conhecido como Comissão Teológica Internacional, publicou um documento intitulado "A esperança da salvação para crianças que morrem sem batismo". Nesse pronunciamento — cuja publicação foi autorizada pelo papa Bento XVI, indicando sua aprovação — a comissão disse que a interpretação milenar da mensagem original sobre a negação da entrada direta no céu da alma dos bebês pode não ter sido correta.

A conclusão da Igreja Católica, nas palavras da comissão: "é que os muitos fatores que [...] consideramos oferecem sérias razões teológicas e litúrgicas para esperar que as crianças que morrem sem batismo serão salvas e poderão gozar da visão beatífica".

Então, o documento eclesiástico ofereceu uma admissão surpreendente e muito importante: "Sublinhamos que se trata aqui de razões de esperança na oração mais do que de conhecimento certo. *Existem muitas coisas que simplesmente não foram reveladas*" (grifo meu).

Essa declaração notável sugere que um conselho tão augusto quanto a Santíssima Igreja Católica Romana acredita que, no século XXI, nem tudo sobre Deus foi revelado, supondo, provavelmente, que há mais a ser revelado.

Isso não é pouca coisa.

Exemplo: em 1978, a Igreja de Jesus Cristo dos Santos dos Últimos Dias (mórmons) reverteu sua antiga proibição de ordenar negros como sacerdotes.

Sua recusa de fazê-lo durante 130 anos desde sua fundação, em 1849, era justificada com sua interpretação das escrituras, que resultou na visão de que os homens e as mulheres negras haviam herdado a chamada "maldição de Cam". Essa noção serviu não só para proibir que homens negros se tornassem sacerdotes, mas foi usado também como justificativa para impedir que homens e mulheres negras participassem *de qualquer parte* das cerimônias em templos mórmons.

Era um caso em que negros não eram permitidos de entrar em qualquer templo mórmon, que mesmo assim eram vistos como casas de Deus. Antigamente, os mórmons acreditavam que a passagem supostamente relevante podia ser encontrada no livro de Gênesis, que fala da embriaguez de Noé e do ato vergonhoso cometido por seu filho Cam, o pai de Canaã.

O artigo na *Wikipedia* sobre esse assunto diz que "as controvérsias suscitadas por essa história referentes à natureza da transgressão de Cam e a pergunta por que Noé amaldiçoou Canaã, e não Cam, têm sido debatidas por mais de 2 mil anos. A intenção original da história era justificar a sujeição dos cananeus aos israelitas, mas em séculos posteriores, a narrativa foi interpretada por alguns judeus, cristãos e muçulmanos como maldição e como explicação para a pele negra e também para justificar a escravidão".

De qualquer maneira, em 1978, a Primeira Presidência e os Doze, liderados por Spencer W. Kimball, declararam que haviam *recebido uma revelação* que os instruía a reverter a restrição racial.

O banimento de sacerdotes negros foi suspenso numa declaração conhecida como "Declaração Oficial 2", baseada — e repetimos isso para enfatizar — naquilo que a Igreja mórmon insiste ter sido *uma revelação de Deus.*

Essa declaração notável sugere que um corpo tão solene como a Igreja de Jesus Cristo dos Santos dos Últimos Dias acredita que, mesmo no século XX, nem tudo foi revelado sobre Deus — e que *revelações estão sendo recebidas agora* por seres humanos normais e comuns.

Isso não é pouca coisa.

Espere um minuto. Não devemos passar por isso com tanta rapidez. Isso merece um olhar mais do que apenas superficial.

Uma *revelação de Deus* foi publicamente reconhecida por uma religião global em 1978?

Sim.

Uma mudança significativa numa doutrina antiga foi aprovada pela maior Igreja cristã em 2007?

Sim.

Então, aparentemente as revelações diretas de Deus *não* ocorreram apenas em tempos antigos — e também não *pararam* de acontecer.

Isso suscita uma pergunta interessante. É possível que seres humanos estejam recebendo revelações de Deus *neste instante*?

Sim.

Mas essa revelação é limitada a presidentes de igrejas e a papas? Apenas poucos seres humanos recebem revelações de Deus?

Não.

*

Agora vem o grande *e se...*

E se o número de pessoas que tiveram conversas com Deus for ilimitado?

E se essa lista incluir todos os seres humanos que já viveram, estão vivendo agora e viverão no futuro?

E se Deus estiver falando a todos, o tempo todo? E se a questão não for com quem Deus está falando, mas quem está ouvindo?

Isso poderia ser verdade?

Essa noção abala os fundamentos da nossa realidade atual. No entanto, existe uma observação interessante da Mãe Meera: "Um erro comum é pensar que uma realidade seja *a* realidade. Você precisa sempre estar preparado para abrir mão de uma realidade em prol de uma realidade maior."

É verdade.

*

Devemos ser claros em relação a uma coisa: todas as mensagens que a humanidade recebeu sobre Deus, desde o início dos registros da história até o dia de hoje, foram tomadas por seres humanos.

Devemos ser tão claros em relação a isso que eu vou repetir, dessa vez em letras maiúsculas:

Todas as mensagens que a humanidade recebeu sobre Deus, desde o início dos registros da história até o dia de hoje, FORAM TOMADAS POR SERES HUMANOS.

Deus revela a Divindade à humanidade continuamente *por meio* da humanidade.

Deus nunca parou de fazer isso e jamais deixará de fazê-lo.

Agora, a humanidade está crescendo em sua capacidade de ouvir as revelações de Deus com maior clareza e a interpretá-las com maior precisão.

Isso é resultado do amadurecimento da espécie.

Após muitos milhares de anos, avançamos a ponto de estarmos desenvolvendo tanto uma mente aberta quanto um ouvido aberto para as revelações contínuas do Divino.

Acolhemos a possibilidade de aceitar esse tipo de revelações ainda hoje — e não só nos "dias de outrora" — e aumentamos a nossa capacidade de experimentar isso diretamente como uma realidade.

O que tem ajudado também é que, apesar de ter levado muitas e muitas gerações, finalmente começamos a nos distanciar da lealdade inquestionada aos ensinamentos do passado.

Estamos nos permitindo extrair o que há de bom nesses ensinamentos e aplicá-lo, mas também excluir o que há neles de disfuncional, libertando-nos, por fim, do impacto limitante e psicologicamente prejudicial de muitas daquelas interpretações antigas da mensagem original.

Vamos começar a fazer isso em um novo nível.

Vamos começar agora mesmo.

CAPÍTULO 7

Nosso primeiro equívoco sobre Deus: *Deus deve ser temido*

De todas as coisas que ouvi sobre Deus aos longos de todos os anos que já vivi neste planeta, a mais triste é algo que as vozes da autoridade têm repetido muitas e muitas e *muitas* vezes: *Tema a Deus.*

O cristianismo está cheio de advertências desse tipo. O islã também. E também os ensinamentos do judaísmo. De cada uma dessas grandes religiões ouvimos palavras como estas:

> "Tema a Deus e guarde os seus mandamentos, pois isso é o essencial para o homem" (Eclesiastes 12: 13).
>
> "O temor do Senhor é o princípio da sabedoria" (Provérbios 9: 10).
>
> "Aquele que teme Alá, para ele Alá encontrará uma saída" (Sura at Talaq 65:2).
>
> "Toda a terra tema ao Senhor" (Salmos 33:8).

E há mais. Muito mais.

"Purifiquemo-nos de tudo o que contamina o corpo e o espírito, aperfeiçoando a santidade no temor de Deus" (2 Coríntios 7: 1).

A *santidade* é aperfeiçoada por meio do temor de Deus? Sim, este tem sido o ensinamento. E ele foi compartilhado não só com as poucas pessoas piedosas e santas em monastérios e em reclusão meditativa à procura de "santidade", mas propagado amplamente, para que "todos os povos da terra saibam que a mão do Senhor é poderosa e para que vocês sempre temam o Senhor, o seu Deus" (Josué 4: 24).

Agora vem o grande *e se...*

E se não precisarmos temer a Deus por qualquer razão?

Isso faria diferença? Importaria? No esquema geral das coisas, isso teria algum impacto significativo sobre a nossa experiência neste mundo?

Sim. É claro que sim. Se acreditássemos que não temos motivo nenhum para temer a Deus, quase todas as doutrinas religiosas do mundo perderiam seu fundamento. A religião em si não desapareceria (não acredito que a ideia e a prática de honrar nosso impulso natural em direção ao Divino possa desaparecer da experiência humana), mas apenas sua "parte superior" permaneceria. Sua parte inferior — a noção de que Deus *deve* ser temido porque é irado, julgador, condenador e punidor — se dissolveria.

Então precisaríamos encontrar outra razão para agir ou não de determinada maneira, para fazer ou não certa coisa, nutrir ou não determinado pensamento sobre a vida, sobre os outros, sobre por que existimos nesta forma física, e sobre toda a experiência da presença humana neste planeta.

Mas precisaríamos de muitos argumentos para nos convencer de que Deus não precisa ser temido. Entendemos a mensagem. E, para garantir que a compreendêssemos, ela foi repetida para nós — tirada das escrituras e apresentada em nossas próprias palavras — por muitas pessoas que temos toda razão de admirar.

Como David Livingstone, um herói nacional da Grã-Bretanha muito famoso e extremamente popular, cujo encontro com H.M. Stanley em 1871, enquanto trabalhava como missionário médico na África, serviu como origem para a citação popular "Dr. Livingstone, suponho?". E ele nos disse: "Tema a Deus e trabalhe muito."

Como Oswald Chambers, o evangelista e professor escocês do início do século XX, mais conhecido como autor do livro devocional *My Utmost for His Highest* [Meu melhor para Sua Grandeza], que declarou: "O mais notável sobre Deus é que, quando você o teme, não teme nenhuma outra coisa, mas, quando você não teme a Deus, teme todas as outras coisas."

Como Ray Comfort, um pastor e evangelista cristão da atualidade, que escreveu *The Way of the Master* [O caminho do Mestre], que declarou: "Quando os homens não temem a Deus, eles se entregam ao mal." (Em outras palavras, é apenas o temor de Deus que nos impede de praticarmos o mal.)

Ou como Charles Inglis, um irlandês e primeiro bispo da Igreja da Inglaterra para a diocese da Nova Escócia no início do século XIX, que modelou o que milhares de clérigos haviam feito antes e fizeram desde então, ecoando perfeitamente as escrituras quando nos disse: "Temer a Deus é uma das primeiras e maiores obrigações de suas criaturas racionais."

Vemos, assim, que temer a Deus é uma *obrigação*.

*

Minha impressão do catolicismo na infância foi a de uma religião muito amigável. Tudo que eu precisava fazer era ir à missa aos domingos e me confessar aos sábados, receber a Santa Eucaristia regularmente, obedecer aos mandamentos e aos ensinamentos da Igreja, viver uma vida tão livre de pecado quanto possível, e eu estaria bem com Deus.

Mas, se eu questionasse seriamente o que me ensinavam — e, sem dúvida, se eu rejeitasse qualquer aspecto importante disso —, Deus não ficaria feliz comigo e eu teria de pagar com o inferno.

Literalmente.

E minha religião não é a única que, ao longo da história, implantou o medo nos corações de homens e mulheres.

Veja o seguinte anúncio, feito em maio de 1420:

> Uma corte sudanesa condenou uma mulher grávida, de 27 anos, chamada Meriam Yehya Ibrahim, à morte por se casar com um homem cristão e professar sua fé cristã.
>
> A mulher é acusada e julgada por apostasia, pois a corte em Cartum a considera muçulmana. A corte considerou irrelevante o fato de ela ter sido criada como cristã pela mãe após seu pai muçulmano abandoná-la quando ela tinha seis anos.
>
> Já que seu pai era muçulmano, a corte a considerou muçulmana também, tornando seu casamento com um não muçulmano nulo. Por isso, foi condenada por adultério e sentenciada a cem chicotadas.

Ah, me perdoe, cometi um erro de digitação aqui. Escrevi aquele número com os algarismos em ordem trocada. Isso não foi em maio de 1420 — foi em maio de *2014*.

Sim, você leu corretamente. Em *2014*, uma mulher foi condenada à *morte* após ter sido julgada por renunciar à fé islâmica. Sua condenação só foi anulada após uma onda internacional de protestos. E assim vemos que, entre o medo do inferno e o medo da morte, as religiões têm, até hoje, encontrado uma maneira de permanecer fiel... bem...

... fiel.

O mero questionamento da doutrina religiosa oficial pode resultar em banimento ou marginalização pela comunidade espiritual, sem falar das acusações formais de apostasia, que resultam na expulsão do país ou até mesmo numa sentença de morte.

Além da ansiedade e do terror que têm sido impostos aos fiéis (ou devemos chamá-los de "temerosos"?), existe aquela tendência natural, já mencionada, de muitas pessoas jamais, sob qualquer circunstância, duvidarem, questionarem ou desafiarem suas crenças mais profundas, porque acreditam que fazer isso traria desonra às suas famílias, tradições ou culturas.

Junte o temor de Deus e a relutância de desonrar o passado e você verá que a investigação espiritual, para além das fronteiras da doutrina aceita e da ortodoxia adotada, não é algo fácil para os seres humanos. Sim, isso *pode* ser profundamente inquietante e até mesmo aterrorizador.

De onde vem essa ideia milenar segundo a qual devemos temer a Deus? Ela se baseia na noção equivocada de que existem duas coisas que Deus deseja: amor e justiça.

Aprendemos que, a fim de satisfazer seu primeiro desejo, Deus concedeu a cada ser humano muitas e repetidas oportunidades de se reconciliar com ele. Para satisfazer o segundo, Deus, no final da vida de cada ser humano, julga cada alma humana, decidindo a seu "bel-prazer", se a alma merece a recompensa eterna no céu ou a condenação eterna no inferno, ou ainda algo entre os dois extremos: uma sentença de "purificação" temporária, mas agonizante, naquilo que os católicos e alguns outros cristãos chamam de purgatório.

(Os membros da Igreja de Jesus Cristo dos Santos dos Últimos Dias se referem a esse lugar de maldição não eterna como "prisão espiritual", onde, segundo eles, as almas existem em dor, culpa e angústia, mas apenas até o Juízo Final, quando todos recebem outra chance de declarar que Jesus Cristo é seu salvador.)

Dizem-nos que a razão de tudo isso é que nada além de perfeição e santidade pode existir no céu. (Falaremos sobre isso mais tarde.) Já que poucos de nós morrem num estado de absoluta perfeição e completa santidade, alguns de nós precisam ir para um local temporário, onde são purificados de seus pecados por meio de tormento e sofrimento infernal, mas não eterno. Ao que parece, a duração do nosso sofrimento é determinada pelo comprimento da lista dos nossos pecados.

Outros precisam ir diretamente para o inferno, para ali sofrerem pela eternidade por pecados que cometeram e que são tão sérios que não podem ser "queimados" por meio de um tormento temporário; eles simplesmente não podem e não serão perdoados por Deus.

Mesmo que os católicos talvez falem mais sobre o purgatório do que pessoas de outras crenças, essa noção de uma experiência temporária (e assustadora) anterior à entrada no céu não se limita ao catolicismo, nem mesmo à categoria mais ampla de todas as seitas do cristianismo. A prática de cuidar dos mortos e de rezar por eles já existia muito antes do nascimento de Cristo, como em determinados ritos egípcios. Encontramos a mesma noção também em tradições islâmicas e judaicas.

Sim, antigas escrituras sagradas falam de um processo de *apocatastasis*, um antigo termo grego que significa reconstituição, restituição ou restauração a uma condição original.

Dizem que os seres humanos na terra são capazes de ajudar às almas de entes queridos falecidos por meio de orações e sacrifícios. Houve um tempo no cristianismo, durante a baixa Idade Média, em que os ricos podiam adquirir para seus parentes falecidos algo que chamavam de "indulgência plenária", que os liberava do purgatório instantaneamente após o pagamento de uma grande quantia de dinheiro, terras ou ambos à Igreja Católica (prática que resultou na decisão de Martinho Lutero de protestar abertamente e, em consequência, no surgimento da chamada Reforma Protestante).

Com toda essa preocupação de rezar e cuidar dos mortos durante milhares de anos, não surpreende que, até hoje, muitas pessoas temem o que a ira de Deus possa lhes impor após a morte.

A MENSAGEM DE DEUS PARA VOCÊ

Desde o início, Deus vem nos dizendo — e isso está se tornando cada vez mais claro — que **a antiga história cultural da humanidade sobre a necessidade de temer a Deus é simples e completamente errada.**

Hoje, já podemos descartar esse antigo ensinamento da nossa história atual e parar de contá-la a nós mesmos e aos nossos filhos.

A última coisa que Deus quer é ser temido.

Deus nem mesmo nos ordena a amá-lo. *Podemos* amar a Deus, se quisermos, mas Deus não precisa nem exige que o façamos. Amor não é algo que Deus ordena. Amor é o que Deus é.

Deus experimenta o que Deus é, independentemente de nosso conhecimento. Deus não precisa que lhe forneçamos o que ele é para que experimente. Deus fornece a *nós* o que ele é, e a tristeza é que, muitas vezes, nós nos *recusamos* a experimentá-lo.

Que tipo de Deidade nos ordenaria a temê-la e a amá-la ao mesmo tempo? Essa é a pergunta que você precisa fazer se quiser avaliar, de maneira adequada, se esse tipo de teologia faz sentido ou não.

A teologia atual de bilhões de pessoas afirma que Deus é ciumento, vingativo e irado, que usa violência contra o ser humano e que ordenou os seres humanos a fazer o mesmo uns com os outros. Declara também que Deus é caridoso, compassivo, misericordioso, amoroso, que deseja apenas o melhor para nós.

Um resultado deste ensinamento: apesar de a maioria dos seres humanos acreditar que precisa temer a Deus, essas pessoas também desejam amar a Deus. Assim, muitos seres humanos confundem medo e amor, vendo-os como conectados de alguma forma.

No que diz respeito a Deus, amamos ter medo e tememos não amar. Na verdade, transformamos em virtude "temer a Deus", mesmo quando tentamos observar o mandamento de "*amar o Senhor, teu Deus, com toda a tua alma, todo o teu coração e toda a tua mente*".

Segundo a nossa antiga história cultural, Deus deixou bem claro que ama o ser humano se este fizer o que ele deseja. Se não o fizer, o ser humano conhecerá sua ira. E será condenado à perdição eterna.

Alguns dizem que Deus age com amor quando nos mostra sua ira. Ele assume então um perfil parental do tipo "isso dói mais em mim do que em você". É amoroso quando condena as pessoas à tortura eterna e inigualável. Com essa explicação, eles procuram preservar a imagem e a noção de um Deus amoroso.

Por isso, muitas pessoas ficaram confusas em relação à verdadeira natureza do amor. Os seres humanos compreendem, em algum nível profundamente intuitivo, que a imposição de um castigo eterno não parece ser uma coisa muito amorosa a se fazer. No entanto, ouvem que esse castigo é uma demonstração do amor mais puro e mais sublime, pois Deus estaria simplesmente procurando preservar a justiça perfeita e a santidade no céu. Visto que Deus é justo, ele precisa executar justiça, como conta a história antiga. É o amor de Deus em ação (o amor de Deus pela perfeição, não o amor de Deus pelas pessoas).

Essa mistura de amor e medo na teologia humana teve consequências também para o comportamento humano. As pessoas se tornaram muito nervosas em relação àquilo que elas mais desejam.

A noção de que Deus precisa executar justiça por meio do castigo sugere que ele está preso às próprias leis e que tem menos liberdade do que um juiz num tribunal humano. Deus é simplesmente incapaz de fazer o que diz querer.

Isso de fato seria motivo para termos medo, pois teríamos uma divindade que, aparentemente, não tem escolha em relação às próprias decisões.

Portanto, não é incomum que os seres humanos tenham medo do amor humano, pois aprenderam a ter medo do amor de Deus. Aprenderam que o amor de Deus pode se transformar em ira num piscar de olhos, com resultados terríveis — e que Deus não tem escolha em relação a isso. "*São as regras.*"

Ou, pior ainda, Deus *tem* uma escolha em relação a isso, mas ele escolhe, cada vez e sem dar espaço à misericórdia ou à compaixão, condenar as almas à perdição eterna, à tortura incessante, à angústia infindável e ao sofrimento indescritível nas chamas do hades.

Tendo aprendido tudo isso sobre seu relacionamento com Deus, as pessoas entram em relacionamentos mais íntimos umas com as outras atormentadas por um pensamento compreensível:

"O que essa pessoa irá querer, desejar ou esperar de mim? E como serei punido se eu não fornecer isso? Será que ouvirei a resposta a essa pergunta no Tribunal Divino, onde serei julgado?"

Essa é, afinal de contas, a nossa compreensão da natureza do nosso relacionamento com um Deus todo-poderoso. Por que motivo ou de que maneira isso não se aplicaria a um ser humano muito mais fraco?

Existe também o pensamento secundário segundo o qual os parceiros num relacionamento têm o *direito* de esperar certas coisas em troca do amor — assim como também Deus espera determinadas coisas —, e, também de acordo com esse pensamento, o amor é, portanto, uma proposição *quid pro quo*, ou seja, uma coisa pela outra.

Esses medos e essas expectativas solapam muitos relacionamentos amorosos desde o início. E certamente solapam nosso relacionamento com Deus.

E existe ainda outra ramificação de tudo isso. Pelo fato de o amor mais sublime que podemos descrever e a pior tortura que podemos imaginar terem sido vinculados um ao outro na mente humana como expressões naturais da parte de Deus, a maioria dos seres humanos acredita também ter o direito de amar e torturar outros ao mesmo tempo — e de julgar, condenar e castigar aqueles que os ofendem.

Isso gerou todo um sistema que nós chamamos de "justiça" em nosso mundo — grande parte do qual comete muitas *in*justiças, segundo a avaliação cândida de quase todo mundo.

Precisamos ser claros, agora e para todo o sempre, que o temor de Deus não é o ideal ou o estado mais elevado de santidade, consciência, espiritualidade ou até mesmo religiosidade. Na verdade, é o que mais se afasta disso. Deixe-me repetir:

O temor de Deus não é o ideal ou o estado mais elevado de santidade, consciência, espiritualidade ou até mesmo religiosidade. Na verdade, é o que mais se afasta disso.

O temor de Deus se baseia necessariamente num pensamento falso: a ideia é que Deus vai nos "pegar" se não fizermos o que ele quer. Em algum lugar dentro de nós sabemos que isso não pode ser verdade, e, assim, o temor de Deus se mostra uma mentira. Alguma vez você já percebeu como seu estômago se embrulha quando sabe que está contando uma mentira? É assim que seu estômago se sente quando alguém lhe diz que você precisa temer a Deus.

O que é triste na maioria das teologias é que elas exigem que acreditemos que a natureza feliz e a qualidade milagrosa desta vida e da vida no além não estão garantidas.

Ao acatar o temor de Deus, você declara que ele tem uma preferência na questão de como você vive a sua vida — e que ele não tem outra maneira de impor sua preferência sem ameaçá-lo com uma retribuição pior do que seus piores pesadelos.

O medo é o resultado lógico de a humanidade ter aceitado como verdadeiras cinco falácias sobre Deus: primeiro, que Deus *precisa* de algo. Segundo, que Deus pode *falhar* em sua tentativa de conseguir o que precisa. Terceiro, que Deus o *separou* dele porque você não lhe deu o que ele precisa. Quarto, que Deus ainda precisa tanto daquilo que precisa e, agora, o *exige* de você, *de sua posição separada dele.* Quinto, que Deus o *destruirá* se você não cumprir suas exigências.

É tão óbvio que cada uma dessas afirmações é errada que dificilmente mereceria ser discutida. No entanto, em conjunto, elas representam o *fundamento da maioria das religiões do mundo*. E o mais notável é que a humanidade tem sido incapaz de reconhecer que essas cinco falácias trouxeram mais dor e destruição à existência diária do que todas as outras crenças sobre a vida juntas.

*

Fato é que, como escreveu o mestre espiritual Ernest Holmes em seu maravilhoso livro *The Science of Mind* [A ciência da mente]:

> Amor é a chama central do universo; não, é o próprio fogo. Está escrito que Deus é Amor e que nós somos sua imagem expressada, a imagem do Ser Eterno.
>
> Amor é doação própria por meio da criação, a dádiva do Divino por meio do humano. Amor é uma essência, uma atmosfera, que foge à análise, assim como a própria vida. É aquilo que é e que não pode ser explicado: é comum a todas as pessoas, a toda vida animal e evidente na resposta das plantas àqueles que as amam. O amor reina soberano sobre tudo.
>
> A essência do amor, apesar de elusiva, permeia tudo, incendeia o coração, estimula as emoções, renova a alma e proclama o Espírito.
>
> Apenas o amor conhece o amor, e o amor conhece apenas o amor. Palavras não podem expressar seu sentido ou suas profundezas. Apenas um senso universal testifica o fato divino: Deus é Amor, e Amor é Deus.

O que há de se temer nisso?

Nada. Absolutamente nada. No entanto, milhões — não, bilhões — de pessoas continuam a ser escravizadas pelo pensamento de que é bom e sábio "temer a Deus".

Neste momento, o mundo se beneficiaria grandemente de um *movimento de direitos civis da alma*, que enfim libertasse a humanidade da opressão de suas crenças num Deus violento, irado e vingativo.

CAPÍTULO 8

Outro equívoco sobre Deus: *Deus talvez nem exista*

Após a ideia de que Deus deve ser temido, a segunda noção mais prejudicial que alguns seres humanos têm é o pensamento de que ele talvez nem exista.

A razão de esta ideia ser prejudicial é que ela impede todos os ateus e muitos agnósticos de usarem o poder de Deus, mesmo quando toda a humanidade procura colaborar para criar a vida que afirmamos querer para todos neste planeta.

Se você receber um comunicado formal de que a eletricidade da sua casa foi cortada, nem tentará acender uma lâmpada, pois sabe que isso não faria sentido. Você permanecerá no escuro. A energia que está fluindo lhe será inútil porque você não acredita que ela está fluindo. Você nem testará, pois *alguém com autoridade* lhe disse que a energia foi cortada.

Estimativas recentes dizem que 10% da população mundial acreditam que a energia acabou. Isso corresponde a mais ou menos o número de pessoas que afirma não ser religiosa, sendo que 2% destas declaram ser ateias. E um número enorme de pessoas que alegam acreditar em Deus nutre dúvidas ocasionais — e às vezes vitalícias — sobre a existência do Deus em que acreditam.

*

Agora vem o grande *e se...*

> *E se for verdade, sem qualquer dúvida, por menor que seja, que Deus existe?*

Isso faria diferença? Importaria? No esquema geral das coisas, isso teria algum impacto significativo sobre a nossa experiência neste mundo?

Sim. Se o mundo inteiro acreditasse, sem qualquer dúvida, que existe um Poder Superior, do qual emergiu a vida na terra, isso criaria um contexto universalmente aceito, uma base sagrada ou teológica para a formulação coletiva dos valores fundamentais da humanidade.

Neste momento, os valores que orientam a conduta da nossa espécie não são coletivos nem uniformes. Eles estão espalhados por toda parte.

Alguém pode acreditar que o abandono de sua religião deva ser castigado com a morte; outra pessoa talvez acredite que alguém que mata outra pessoa por ter abandonado sua religião deveria ser executado — para usar um exemplo gritante da notícia mencionada no capítulo anterior.

Alguém pode acreditar que o propósito da vida seja viver de modo que agrade a Deus e o leve ao céu; outra pessoa talvez acredite que o propósito da vida nada tenha a ver com agradar a Deus; e uma terceira talvez ache até que nem exista um Deus ao qual se possa agradar.

Alguém pode acreditar que todas as almas que não creem na "única religião verdadeira" vão para o inferno; outra pessoa talvez acredite que todas as almas que buscam a Deus com um desejo puro e uma vontade sincera evitarão o inferno; e uma terceira talvez ache que nem exista um inferno, muito menos um Deus que mande as pessoas para lá.

Alguém pode acreditar que o bem e o mal sejam definidos por Deus; outra pessoa talvez acredite que Deus não julga as ações, escolhas e decisões dos seres humanos sob esses termos; e uma terceira talvez ache que nem exista uma Deidade que possa aplicar essas categorias às condutas humanas.

Alguém pode acreditar que matar pessoas como castigo por determinados crimes ou até mesmo como meio de "defender a fé" esteja em conformidade com as leis de Deus; outra pessoa talvez acredite que matar uma pessoa por qualquer motivo que seja jamais poderia estar em conformidade com as leis de Deus; e uma terceira talvez ache que não haja algo como uma lei de Deus nem exista, muito menos, um Deus que pudesse anunciá-la.

Sem uma crença comum na existência de uma Deidade e sem um entendimento compartilhado sobre aquilo que é verdade sobre essa Deidade, não conseguimos chegar a um acordo nem mesmo em relação à razão da vida, ao propósito da nossa existência, à experiência — se é que existe — após a morte e ao fundamento para as maiores decisões da vida (tanto do indivíduo quanto da sociedade).

A MENSAGEM DE DEUS PARA VOCÊ

Desde o início, Deus vem nos dizendo — e isso está se tornando cada vez mais claro — que **as partes da antiga história cultural da humanidade que induzem dúvidas sobre a existência de um Poder Superior no universo são simples e completamente erradas.**

Hoje, já podemos descartar esse antigo ensinamento da nossa história atual e parar de contá-la a nós mesmos e aos nossos filhos.

Deus existe.

Não se iluda em relação a isso.

Deus existe.

Mesmo que alguns achem que a ciência e a espiritualidade sejam antítese uma da outra, a maior mente científica do nosso tempo, Albert Einstein, disse: "Eu acredito no Deus de Espinoza, que se revela na harmonia ordenada daquilo que existe, não num Deus que se preocupa com os atos e destinos dos seres humanos."

Contam que, quando David Ben-Gurion (fundador e primeiro primeiro-ministro de Israel) lhe perguntou se ele acreditava em Deus, Einstein — que, como todos sabem, descobriu e propôs uma fórmula revolucionária sobre matéria e energia — concordou que *deve existir algo por trás da energia.*

Portanto, vale ressaltar o seguinte:

Não se iluda em relação a isso.
Deus existe.

Albert Einstein também disse: "Não consigo imaginar um Deus que recompensa e castiga os objetos de sua criação e cujos propósitos são semelhantes aos nossos — ou seja, um Deus que nada mais é do que um reflexo da fragilidade humana."

Será que podemos concordar em relação a isso? Deus não foi feito à imagem e semelhança do homem.

Quem ou o que, então, é Deus?

Aqui está uma analogia que pode nos ajudar a responder a essa velha pergunta.

Ao passo que a humanidade avançou no século XXI, a ciência médica aprendeu mais e mais sobre o que ela chama de "células-tronco". Estas são descritas como células biológicas não diferenciadas que podem se transformar em células específicas e que podem se dividir para produzir mais células de um tipo especializado.

Quando colhidas do corpo humano antes de sua especialização, elas podem ser "coagidas" por um laboratório a adotar a identidade específica de *qualquer célula do corpo humano*. Isso significa que elas podem regenerar qualquer parte de praticamente todos os órgãos do corpo, desde células cerebrais e tecido pulmonar a músculos cardíacos e folículos capilares. Isso gerou todo um ramo novo na medicina, que emergiu sob a liderança da nanobiotecnologia.

Por que menciono esse tema aqui?

Se a "natureza" é capaz de fazer tudo isso dentro da estrutura extremamente limitada de um único organismo humano, o que uma única gota da Força Primordial ou da Essência Essencial seria capaz de fazer dentro da estrutura ilimitada do universo?

As células-tronco humanas estão nos mostrando, no nível micro, algo sobre a vida num nível macrológico? Poderia Deus ser, de certa forma, *a célula-tronco do universo*, capaz de se especializar de inúmeras maneiras?

Veja isto: os cosmólogos nos dizem hoje que o nosso universo pode ser — e provavelmente é — apenas uma de *um número infinito* de manifestações desse tipo. Em outras palavras, por maior que tenhamos imaginado o tamanho do nosso universo, é possível que ele seja apenas um pontinho num universo de universos.

Ou, para dizer a mesma coisa de outra forma, é possível que estejamos vivendo não num *uni*verso, mas num *multi*verso.

Isso faria da terra um ponto infinitamente pequeno num sistema solar infinitamente pequeno numa galáxia infinitamente pequena num quadrante do cosmo infinitamente pequeno num universo que não passa de um ponto infinitamente pequeno num multiverso infinito.

Podemos continuar a duvidar de que exista "algo" que tenha gerado esse multiverso magnífico? Não seria mais lógico supor e concluir que existe alguma causa por trás dos efeitos na esfera física? E seria de fato tão insensato chamar essa causa primeira de "Deus"?

É interessante observar que a ciência relata evidências que apontam para uma *inteligência* extraordinária presente em toda a vida num nível celular e até submolecular. A vida parece *saber o que está fazendo* e aparenta fazê-lo de modo deliberado, metódico, consistente e previsível. Até sua *in*consistência pode ser prevista! (Veja o princípio da incerteza de Heisenberg.)

E há ainda o entendimento relativamente recente daquilo que a física quântica chama de *efeito do observador*, segundo o qual "o objeto é afetado pelo observador".

Tudo isso nos diz que, no "sistema" que chamamos de "vida", estão presentes três elementos: *inteligência*, *design* e *poder*. É difícil examinar de perto qualquer aspecto da vida como a vemos — seja no nível micrológico do mundo submolecular, seja no nível macrológico do cosmo — sem reconhecer que as manifestações do mundo físico são sofisticadas e complexas demais, tão entrelaçadas, misturadas e emaranhadas, tão maravilhosamente intricadas e interativas para serem o resultado de um mero acaso.

Parece óbvio que a presença dos padrões da vida não seja nem "acidental" nem "incidental" no processo da própria vida, mas que a inteligência e o poder manifestos nesses padrões sejam a força *por trás* do processo. Na verdade, sua Fonte e seu Criador.

CAPÍTULO 9

Outro equívoco sobre Deus: *Deus existe e é um ser sobre-humano do sexo masculino*

Mesmo que a maioria dos seres humanos concorde com a afirmação de que Deus existe, a natureza e a forma exata, a essência e a qualidade, a constituição e o caráter dessa coisa chamada "Deus" continuam a ser debatidos.

Um dos ensinamentos sobre o Divino — o ensinamento, talvez, que mais se reflete nas doutrinas de muitas religiões — descreve Deus como um ser do sexo masculino sobre-humano, com características e inclinações humanas (ira, amor, tendência de julgar etc.), mas com sabedoria, poder e habilidades muito além da capacidade ou até mesmo da compreensão humana.

Em algumas tradições espirituais antigas, anteriores às religiões organizadas, o Divino era retratado como uma entidade feminina. E, mesmo que essa retratação seja defendida e considerada verdadeira ainda hoje por determinados movimentos espirituais, a imagem esboçada de uma Deidade masculina é, de longe, a mais dominante.

*

Agora vem o grande *e se...*

E se Deus não for nem do sexo masculino nem do feminino — e nem mesmo uma supercriatura humanoide?

Isso faria diferença? Importaria? No esquema geral das coisas, isso teria algum impacto significativo sobre a nossa experiência neste mundo?

Sim. Em primeiro lugar, uma história que prevalece em todo o planeta — a história da *supremacia masculina* — perderia seu fundamento.

Não é por acaso que a maioria das principais religiões ainda é liderada por homens. Não é por acaso que, ainda hoje, a maior religião do mundo, e uma das religiões que mais cresce no mundo, ainda não permita que mulheres sejam ordenadas ao sacerdócio. Não é por acaso que — com algumas poucas exceções — ainda são os homens que governam no mundo das empresas e das finanças. Não é por acaso que, até hoje, homens continuam a dominar a cena política global.

Não é por acaso que, até mesmo na medicina, na ciência e no mundo acadêmico, homens continuem a excluir as mulheres das posições de maior influência, impacto e autoridade. E não é por acaso que, mesmo quando as mulheres alcançam o nível dos homens em algumas instituições da sociedade, elas recebam um salário inferior, apesar de fazerem o mesmo trabalho.

Se não imaginássemos Deus como homem, toda nossa noção de força, de poder e de glória seria considerada tão feminina quanto masculina. Nossas representações de Deus não se limitariam exclusivamente a um homem com longo cabelo e longa barba brancos e esvoaçantes numa túnica branca. Imagine uma Bíblia ilustrada com o desenho de uma deusa. Qual seria a mensagem *disso* para os nossos filhos?

E se nem sequer imaginássemos Deus como pessoa? Se refutássemos essa ideia de Deus como homem *ou* mulher? E se aceitássemos como verdadeira a ideia de que Deus não é uma versão ampliada do ser humano; que ele não é uma "pessoa" em qualquer sentido da palavra? Isso mudaria a nossa expressão global da espiritualidade, a nossa experiência diária da religião?

Certamente sim. Mudaria a interação entre pai e filho da maioria das pessoas que acreditam em Deus. Afetaria profundamente a nossa compreensão do nosso relacionamento verdadeiro com a Divindade.

Transformaria toda a nossa noção de como obter o que desejamos receber de Deus (se, é claro, continuássemos a acreditar nessa possibilidade). Mudaria também a nossa ideia daquilo que Deus deseja ou precisa, exige ou ordena, pede ou requer. E isso, de uma só vez, mudaria tanto o nosso comportamento que teríamos dificuldades em nos reconhecer.

Ou seja, nos tornaríamos uma espécie diferente, não só em termos de comportamento, mas também de nossas metas e nossos objetivos, daquilo que consideramos "sucesso", da forma como "rezamos" e interagimos com Deus e das nossas ideias sobre onde e como nos encaixamos no esquema geral das coisas.

Então, a maioria das pessoas (ao contrário da minoria que já deu início a esse processo) teria que recomeçar sua busca para redefinir Deus e rever toda a nossa abordagem às interações com a Divindade.

Talvez seja pelo fato de essa revisão e redefinição de uma parte tão crítica da nossa experiência humana ser tão profunda que a maioria de nós evita essa busca e permanece "presa" para sempre à mesma compreensão da Deidade.

Qualquer que seja a razão, duvido que estejamos nos fazendo algum favor agarrando-nos a ideias sobre um Deus que nasceram milhares de anos atrás.

A MENSAGEM DE DEUS PARA VOCÊ

Desde o início, Deus vem nos mostrando — e isso está se tornando cada vez mais claro — que **a antiga história cultural da humanidade que diz que Deus é um ser sobre-humano do sexo masculino** é simples e completamente errada.

Hoje, já podemos descartar esse antigo ensinamento da nossa história atual e parar de contá-la a nós mesmos e aos nossos filhos.

Deus não é, obviamente (ou talvez não tão obviamente para alguns), o velhinho no céu, que está sentado em seu trono e observa todas as inúmeras atividades da humanidade, aprovando algumas e reprovando outras; que ouve inúmeras orações, atendendo algumas e negando outras; que julga inúmeras almas no momento de sua morte, recompensando algumas e castigando outras.

Deus não é um homem nem uma mulher com a aparência, as qualidades e as inclinações dos seres humanos, mas com poderes, qualidades e habilidades sobrenaturais. Essa noção é extremamente simplicista.

O que, então, é Deus? Alguns dizem que é impossível saber. Isso não é verdade. Deus *pode* ser conhecido, e Deus pode ser experimentado. Deus se comunica diretamente conosco, como já demonstraram os fundadores das religiões, e nós podemos nos comunicar diretamente com ele — como declara cada religião que acredita no poder da oração.

Deus pode ser conhecido, e Deus pode ser experimentado.

Aqui, então, está o que Deus comunicou e continua a comunicar à humanidade sobre a divindade: Deus é a Essência Essencial que permeia tudo, a Fonte Primordial de uma inteligência ilimitada e a Força Primordial da criação ilimitada.

Deus é ao mesmo tempo o Criador e a Criatura, uma Energia Pura que causa um impacto sobre si mesma. É a Causa Primeira. É Cada Efeito. É a sede de toda sabedoria, fonte de todo desejo, nascente de todo poder e origem de toda realidade.

É, em uma palavra, Amor.

Sua sabedoria é ativada; seu desejo, satisfeito; seu poder, evidenciado; e sua realidade, completa, majestosa e gloriosamente manifesta por meio da *experiência* e da *expressão* do Amor.

Esta Essência Essencial, que chamamos de "Deus", possui uma personalidade?

Sim.

*

A grandeza e a magnificência de Deus são a ausência de forma de Deus. Isso, porém, não significa que ele não seja uma "personalidade" à qual possamos rezar e com quem possamos interagir. Significa, na verdade, exatamente o oposto.

É a ausência essencial de forma que permite a Deus assumir qualquer aparência e qualquer forma sempre que isso sirva aos propósitos do Amor.

Assim, Deus pode se manifestar na energia de uma figura paterna, no consolo de uma mãe, na lealdade de um amigo, na compaixão de um confessor, na coragem de um pacificador, na força de um sobrevivente, na paciência de um professor, na amizade de um compatriota, na intimidade de um amante e na constância de uma pessoa amada.

Vemos, então, que o fato de Deus não ser, em sua essência, um ser humano maior ou mais perfeito não significa que não possamos rezar para ele, ou interceder junto a ele, ou criar um relacionamento pessoal com ele. Pelo contrário. Deus pode ser todas as coisas para todas as pessoas, e, se quisermos um Deus pessoal para o qual possamos rezar, um Deus paternal que nos aconselhe ou um Deus poderoso junto ao qual possamos interceder, Deus pode exercer e exercerá todos esses papéis para nós.

Deus é todas as coisas para todas as pessoas porque Deus é tudo *em* todos.

Deus é a *vida em si*, que é a expressão do Amor em forma física. Cada expressão de *vida* é uma expressão de *Amor*. Isso nem sempre pode parecer assim aos olhos da percepção limitada, mas, sem dúvida, é profunda e eternamente verdadeiro. (Analisaremos mais de perto por que e como isso pode ser verdadeiro no capítulo 25.)

CAPÍTULO 10

Outro equívoco sobre Deus: *Deus exige obediência*

Exploremos o *caráter* pessoal dessa Energia Pura chamada Deus, essa Essência Essencial que pode assumir qualquer forma e qualquer personalidade, essa Fonte de Inteligência Suprema e Poder Absoluto.

Como já observamos, a maior parte da população mundial acredita que Deus existe. A pergunta é: que tipo de Deus é esse?

Grande parte do mundo acredita num Deus que é um super-homem que *exige obediência.*

Observamos também que a maioria das pessoas que acreditam em Deus acredita também que Deus julga, condena e castiga quando suas exigências não são cumpridas.

Agora vem o grande *e se...*

E se Deus não exigisse nada, não julgasse nada e não castigasse nada?

Isso faria diferença? Importaria? No esquema geral das coisas, isso teria algum impacto significativo sobre a nossa experiência neste mundo?

Sim. Em nome de Deus foram cometidos mais atos brutais, mais assassinatos e mais guerras do que em nome de qualquer outra coisa. Se o mundo inteiro acreditasse que Deus nada exige, nada julga e nada castiga, o fundamento espiritual de grande parte da justiça própria que sustenta, justifica e motiva as condutas mais ultrajantes e autodestrutivas da humanidade evaporaria.

Além do mais, se disséssemos que julgamento e castigo não fazem parte do Reino de Deus, o fundamento de todo o sistema jurídico da humanidade seria abalado em sua essência, e muitas das leis em muitos dos nossos países precisariam ser reescritas ou revogadas.

Se acatássemos a noção de que Deus nada exige e ordena, muitas das nossas normas, dos nossos hábitos e das nossas proibições perderiam sua autoridade moral e também precisariam ser abandonados por falta de uma base ou premissa.

Encontramos o melhor exemplo disso no caso do casamento entre pessoas do mesmo sexo. Assim como casamentos entre pessoas de religiões diferentes eram considerados "contra a Lei de Deus" no passado, mas hoje são vistos como expressões perfeitamente aceitáveis de amor (exceto em algumas seitas muçulmanas e outras comunidades religiosas ultrafundamentalistas; veja o capítulo 7), o casamento gay também será, em algum momento, amplamente aceito como apropriado entre pessoas que se amam. Isso ocorrerá quando a humanidade abandonar todas as noções de que uma expressão de amor verdadeiro que se afasta de normas sociais do passado viola, de alguma forma, os mandamentos de Deus.

Se não existirem mandamentos de Deus, então não podemos mais matar, castigar, julgar, oprimir, machucar, restringir, limitar ou prejudicar outros em nome do Senhor. Isso derrubaria toda uma montanha de justificativas para o imenso catálogo de crueldades e atrocidades humanas.

A pergunta é: a experiência humana perderia com isso também a bússola moral, da qual a nossa espécie dependeu até agora? Qual seria a nossa nova bússola moral?

A MENSAGEM DE DEUS PARA VOCÊ

Desde o início, Deus vem nos dizendo — e isso está se tornando cada vez mais claro — que **a antiga história cultural da humanidade sobre as exigências de Deus é simples e completamente errada**.

Hoje, já podemos descartar esse antigo ensinamento da nossa história atual e parar de contá-la a nós mesmos e aos nossos filhos.

Deus nada exige nem ordena. Porque ele não tem *motivo* algum para exigir ou ordenar qualquer coisa. Porque Deus não precisa de nada.

Deus não "precisa" de experiências — seja ela de natureza emocional, física ou espiritual — pois ele é a *fonte* de qualquer experiência. Por que a fonte de algo precisaria disso? Por que a Fonte de Tudo precisaria de qualquer coisa? E, se a Fonte de Tudo não precisa de nada, por que ela ordenaria qualquer coisa?

Nenhum comportamento nosso, como obedecer a Deus, pode levar Deus a ter uma experiência que ele não poderia ter sem esse comportamento nosso. Em outras palavras: Deus não depende *de nós* para satisfazer as necessidades inexistentes dele.

Não existe razão, então, para crer em um Deus que se *des*agrada tanto diante da ausência de determinado comportamento a ponto de nos castigar terrível e eternamente.

Deus é Amor, e esse amor não conhece condições nem limitações. Ele não se baseia em receber algo em troca, e ele não nos é negado porque Deus estaria irritado a ponto de nos condenar eternamente, pelo simples fato de Deus nunca se irritar.

Algumas pessoas alegam que Deus exige ou ordena coisas não porque precisa de algo, mas porque *nós* precisamos de algo. Precisamos, mais especificamente, de instruções, orientações, exigências e mandamentos para impedir que surtemos e para nos ajudar a viver.

Esse ponto de vista sustenta que, sem mandamentos e orientações, nós não saberíamos nos comportar — ou que não estaríamos dispostos ou que não seríamos capazes de nos comportar de modo favorável à nossa sobrevivência —, em virtude da nossa própria natureza.

Alguns afirmam que é da "natureza humana" se comportar de maneira irresponsável e incontrolável, de maneira egoísta e até mesmo violenta, e que são apenas as exigências e as restrições divinas — e a ameaça de punição caso não obedeçamos — que nos impedem de sermos totalmente egoístas e autodestrutivos.

Em decorrência disso, a punição tem se tornado a lógica determinante de todas as leis civis e das regulamentações governamentais para restringir e controlar o comportamento das pessoas, desde semáforos e limitadores de velocidade até as regras para a declaração de ingredientes, padrões sanitários e leis trabalhistas.

Sem a imposição dessas e de outras regras comportamentais — assim diz a sabedoria convencional —, cada um faria o que bem quisesse, ninguém estaria seguro, e por toda parte as pessoas seriam vítimas de outras pessoas despreocupadas ou inescrupulosas.

Mas será que os seres humanos são incapazes de se autorregular?

A resposta é não.

Todos os seres humanos têm a capacidade inata de controlar os próprios comportamentos e de adaptá-los a ponto de não prejudicarem qualquer pessoa, produzindo ao mesmo tempo um máximo de resultados positivos para cada indivíduo e para o benefício máximo da coletividade. Tudo que precisamos fazer é decidir *usar* essa capacidade inata. Por ironia, o que desperta o desejo de fazê-lo é justamente a *ausência* de regras e regulamentações... venham elas de Deus ou de qualquer outra pessoa.

Deus entende isso. É por isso que o maior presente que ele deu à humanidade é o livre-arbítrio. *Liberdade* é a natureza fundamental da Divindade. E Deus sabe que a humanidade agirá sempre nos melhores interesses próprios, uma vez que esses melhores interesses fiquem evidentes.

Se você quiser um exemplo maravilhoso disso, observe as pessoas enquanto giram na rotatória no Arco do Triunfo em Paris: lá não existem demarcações de pistas, nem semáforos, nem placas que indiquem preferências ou direções, nem policiais que orientem o fluxo rápido e infinito de veículos.

A cada dia, milhares de pessoas passam por aquele monumento numa mistura agitada e apressada de aço e pneus — e nenhuma lei ou regulamentação precisa obrigá-las a dar preferência, a frear antes de bater no carro da frente ou a seguir em frente quando possível. Elas o fazem automaticamente.

Quando você sabe o que está tentando fazer, reconhece de imediato a melhor e preferível medida que precisa tomar. É por isso que naquela rotatória ocorrem menos acidentes do que na Champs-Elysées, a poucos metros de distância dali, onde há muitos sinais de trânsito, onde as pistas são claramente demarcadas e onde regras e regulamentações ditam o caminho que você deve seguir.

Numa escala global, a humanidade não reconhecerá quais são seus melhores interesses se não souber o que está tentando fazer. E é justamente nesse ponto que nós temos falhado. Não alcançamos ainda uma clareza total e um acordo mútuo sobre o que pretendemos fazer durante nosso tempo na terra. Assim que chegarmos a isso, nossos comportamentos se transformarão e se regulamentarão automaticamente de maneiras que produzirão uma eficácia máxima.

Uma espécie altamente evoluída é aquela que alcançou um entendimento coletivo sobre o que é seu melhor e mais nobre interesse, baseado numa consciência mútua daquilo que está tentando alcançar e experimentar.

Visto que ainda não alcançamos essa fase no desenvolvimento e na evolução da humanidade, a pergunta mais urgente hoje é: como podemos chegar lá?

A resposta é: abrindo mão da nossa antiga história cultural sobre quem nós somos e por que vivemos, sobre o propósito e o processo da vida, sobre a natureza e o desejo de Deus.

Em *As novas revelações*, Deus nos disse que, para chegarmos àquele lugar, precisamos ter a coragem de tomar cinco grandes passos.

PRIMEIRO PASSO

Reconhecer que algumas de nossas crenças antigas sobre Deus e sobre a vida já não funcionam mais.

SEGUNDO PASSO

Reconhecer que existe algo que não entendemos sobre Deus e sobre a Vida, entendimento este que mudará tudo.

TERCEIRO PASSO

Estar disposto a aceitar um novo entendimento de Deus e da Vida que está prestes a se manifestar, entendimento este que pode produzir um novo estilo de vida neste planeta.

QUARTO PASSO

Ter a coragem de explorar e examinar esse novo entendimento e, se ele se alinhar com a nossa verdade e o nosso conhecimento interior, de ampliar o nosso sistema de crenças para que esse entendimento seja incluído.

QUINTO PASSO

Decidir viver nossas vidas como demonstração das nossas maiores e mais nobres convicções, não como sua negação.

*

Uma mudança *enorme* no pensamento da humanidade — e talvez o maior convite já feito *pela* vida à vida — seria aceitar, abraçar e adotar a seguinte afirmação espiritual revolucionária:

> *Nada pode ocorrer em todo o universo que viole a vontade de Deus.*

Toda a teologia humana, praticamente todos os dogmas de cada religião na face da terra, está arraigada e se ergue sobre o pensamento exatamente oposto. A vontade de Deus *pode* ser violada, dizem nossas religiões. Esse é o fundamento de todas as doutrinas religiosas de julgamento, condenação e punição.

No entanto, a violação da vontade de Deus é completamente impossível, a não ser que exista algo mais poderoso do que ele no universo, algo que possa passar por cima da vontade de Deus. Mas nada disso existe, pois Deus é Tudo em Tudo, o Alfa e o Ômega, o Início e o Fim, a Soma Total de todas as coisas.

Se, portanto, algo acontecer, aquilo se deu porque Deus não o impediu. E se Deus não impediu que aquilo ocorresse, como poderia ser contra a sua vontade?

Aqueles que dizem que Deus *permite* que a sua vontade seja frustrada e que, portanto, é possível que pessoas a violem, simplesmente fecharam seus olhos diante de uma lógica simples: se Deus *permite* algo, então aquilo não é contrário à sua vontade.

Você não conseguiria mexer seu dedo mindinho se Deus não permitisse. Tudo que acontece, portanto, acontece porque Deus o permite, ou aquilo não aconteceria nem *poderia* acontecer.

A questão teológica não é, portanto, se Deus permite — e deseja — que aquilo que acontece aconteça, mas *por que Deus o permite.*

A resposta é que o maior desejo de Deus é que esse aspecto fundamental da divindade, do qual acabamos de falar — a liberdade —, se expresse a cada momento em cada manifestação da Divindade. E, visto que Deus não pode ser machucado ou prejudicado por qualquer coisa, ele não tem motivos para impor limitações à liberdade de qualquer uma das suas criaturas.

Deus não tem motivos para julgar, condenar e castigar qualquer um que *use* essa liberdade. Na verdade, se ele o fizesse, teríamos de mudar a definição da própria liberdade, de forma que passasse a significar: "A capacidade de fazer o que lhe ordenam ou então sofrer as consequências."

Mas não é isso que significa liberdade. Na verdade, isso não seria *liberdade.*

Liberdade é Amor demonstrado; é Amor em ação. Uma limitação de qualquer tipo não é Amor em ação, pois limitação é restrição, e o Amor desconhece isso.

Amor total e liberdade absoluta são sinônimos e resultam no conceito teológico conhecido como livre-arbítrio.

Deus deu esse dom a todas as suas criaturas, para que pudesse dar a si mesmo o dom da experiência total do milagre e da glória daquilo que ele é. No entanto, livre-arbítrio não é, obviamente, livre-arbítrio se algum uso dele resultar na tortura indescritível e eterna nas chamas do inferno. Essa reação ao uso do maior presente de Deus à humanidade zombaria do dom e de seu Doador.

Livre-arbítrio também não significa nada num ambiente em que não existam *escolhas*. Se Deus pretende experimentar toda sua glória e maravilha, aquilo que é considerado como não completamente maravilhoso e glorioso em termos humanos precisa coexistir com aquilo que é, para, assim, gerar um contexto dentro do qual a maravilha e a glória não só sejam conhecidas, mas também expressadas e experimentadas. Assim, o universo físico foi criado como campo contextual dentro do qual escolhas se tornam possíveis.

Outra maneira de dizer isso é que o campo contextual, que é o nosso universo, existe na forma em que existe porque na ausência daquilo que não é, aquilo que é *não é*.

Ou seja, *não pode ser experimentado*.

Na ausência da escuridão, a luz não pode ser experimentada. Na ausência do pequeno, o grande não pode ser experimentado. Na ausência do ali, o aqui não pode ser experimentado. Na ausência do lento, o rápido não pode ser experimentado. Nada pode ser experimentado na ausência de um elemento contrastante. Pode ser conhecido teoricamente, mas não pode ser expresso.

Por isso, Deus criou um universo em que a divindade tem o que *aparentam* ser opostos exatos, ou dualidades, mas não o são.

Para usar um exemplo da nossa realidade física: muitas vezes, definimos algo como "quente" ou "frio". Essas características aparentam ser polos opostos de uma escala, mas não o são. São *graus* ou intensidades da *mesma coisa* — chamada temperatura. Não existe "dualidade" na temperatura, existe apenas uma única coisa, que se expressa de maneiras variadas.

Da mesma forma, todas as manifestações da vida são expressões de graus, ou variações, da mesma coisa chamada Divindade.

E assim Deus convidou as individuações humanas da Divindade a não julgar e nem condenar aquilo que parece ser oposto a elas, mas as vê-lo simplesmente como outro aspecto do Eu, fornecendo uma oportunidade para serem uma luz na escuridão, para que elas saibam quem realmente são — e que para que todos aqueles cujas vidas elas afetam também possam saber quem realmente são, à luz desse exemplo.

A escolha do livre-arbítrio de qualquer pensamento, palavra ou ato não precisa, portanto, ser uma demonstração da obediência, mas da aceitação do convite de Deus para avançar em direção à demonstração mais sublime da nossa melhor noção sobre nós mesmos. Nessa compreensão, aquilo que pode ter sido considerado um *fardo*, pode se tornar uma *alegria*.

Quando, por fim, entendermos que nem temor nem obediência são exigidos por Deus, a vida poderá se transformar em uma experiência de exaltação.

CAPÍTULO 11

Outro equívoco sobre Deus: *Deus nos vê como imperfeitos, e não podemos retornar para Deus num estado imperfeito*

Grande parte do mundo vê Deus como um ser super-humano do sexo masculino, que exige obediência e *nos vê como imperfeitos, porque nós não temos sido obedientes.*

Há até quem diga que nós *nascemos* imperfeitos porque os *primeiros* seres humanos não obedeceram a Deus.

Das três maiores religiões do mundo, duas — o cristianismo e o judaísmo — têm ensinado durante séculos aos seus seguidores várias doutrinas declarando que todas as almas humanas estão sujeitas à morte como castigo pelo pecado "ancestral", "herdado" ou "original" dos primeiros seres humanos.

O judaísmo moderno (ao contrário dos mestres judaicos em tempos talmúdicos) não costuma mais ensinar o pecado original, mas grande parte do cristianismo o faz até hoje.

Além disso, tanto o cristianismo quanto o judaísmo ensinam que os seres humanos são imperfeitos, independentemente de terem nascido assim ou não. O ensinamento judaico moderno ressalta que isso se deve ao fato de os seres humanos optarem pelo pecado ao longo da vida, não porque nasceram assim, embora grande parte do ensinamento cristão ainda alegue que a imperfeição é o estado da nossa alma ao entrar no mundo e que esse estado inato é o que gera uma tendência contínua no ser humano de pecar ao longo de toda a sua vida.

Parte dessa ideia é a noção, defendida por alguns, conhecida como *traducianismo*, que declara que Deus criou apenas uma alma original — a de Adão (Eva foi criada por Deus a partir da costela de Adão) — e que todas as outras almas recebem suas qualidades e tendências básicas de seus pais e ancestrais, por meio de um processo que repassa as qualidades de uma alma para a próxima, de geração para geração.

Como surgiu essa imperfeição que, como alguns dizem, é "herdada"? Existem várias versões dessa história, mas, basicamente, ela nos conta o seguinte.

Os primeiros seres humanos, Adão e Eva, receberam liberdade total no Jardim do Éden, que satisfazia também todas as suas necessidades terrenas. Deus exigiu-lhes apenas uma coisa: que não comessem da árvore do conhecimento do bem e do mal. Mas eles comeram. Eva pegou uma fruta e a compartilhou com Adão. E aí tudo aconteceu.

Os dois foram expulsos do paraíso por um Deus furioso que supostamente amaldiçoou seus filhos, os filhos de seus filhos e os filhos dos filhos de seus filhos — sim, até o fim dos tempos. Deus amaldiçoou toda a sua descendência, que herdou a imperfeição e a morte física — sendo que nenhuma das duas havia sido parte da realidade de Adão e Eva no paraíso.

Assim, a imperfeição e a morte se tornaram parte da natureza do ser humano.

*

Agora vem o grande *e se...*

E se Deus jamais amaldiçoou alguém? E se ninguém nasce em pecado? E se Deus jamais viu, e não vê agora, qualquer ser humano como imperfeito?

Isso faria diferença? Importaria? No esquema geral das coisas, isso teria algum impacto significativo sobre a nossa experiência neste mundo?

Sim. É claro que sim.

Em primeiro lugar, aliviaria as pessoas de qualquer ansiedade em relação à morte e àquilo que possa acontecer com elas após deixarem seu corpo.

Na verdade, as pessoas nem se preocupariam com isso se não tivessem ouvido falar da exigência de Deus de que apenas a perfeição tem um lugar no céu. Mas a maioria das religiões tem deixado bem claro que essa exigência continua válida e que não há maneira de contorná-la.

A Bíblia, por exemplo, nos diz direta e explicitamente que o padrão de Deus para nos aceitar no céu é a perfeição. Em Romanos 3:23 está escrito que *nenhum ser humano consegue satisfazer esse padrão.* Diz que "todos pecaram e carecem da glória de Deus".

Mas, mesmo se não tivéssemos cometido um único pecado em toda a nossa vida, existe ainda aquele bicho-papão, o *traducianismo*. Temos ainda a nossa imperfeição *herdada*, com a qual precisamos lidar.

E, como já observamos, nossa crença nos diz que Deus não abre nenhuma exceção aqui. A Lei é a Lei. O Salmo 23 diz: "Sei que a bondade e a misericórdia me acompanharão todos os dias da minha vida." Mas, aparentemente, isso não se aplica ao tempo após a morte. Depois da morte, não há lugar para a misericórdia. Deus não tem outra opção senão negar a cada alma imperfeita o acesso imediato ao céu; e já que nenhuma alma existe num estado de perfeição, isso significa que, segundo algumas doutrinas, o acesso será inicialmente negado a todas as almas.

Isso, porém, não significa que *jamais* entrarão no céu. Mais anteriormente já descrevemos um lugar chamado purgatório, para onde, dizem, as almas são enviadas a fim de serem purificadas, tendo a mancha de seus pecados apagada por meio de um processo de pagamento por eles.

Devemos deixar claro aqui que nem todas as religiões do mundo ensinam a necessidade do sofrimento como compensação pelas ofensas cometidas. Muitas falam de um Deus que nos recebe no céu se nos arrependermos sinceramente dos nossos pecados. Caso contrário, porém...

A proclamação geral é, então, esta: somos seres imperfeitos. Deveríamos nos apresentar diante do trono de Deus com tremor e vergonha, com a esperança de que as nossas imperfeições e transgressões sejam perdoadas. Se não fizermos o necessário para purificar nossas almas e lhes devolver a perfeição, agora ou no além (como, por exemplo, submetendo-nos a um sofrimento abjeto como pagamento pelos nossos pecados no purgatório), nós não voltaremos para casa. Simples, não é?

Agora, se o número enorme de pessoas (e estamos falando de bilhões aqui) que acredita que isso é a verdade mudasse sua crença, o medo, a vergonha e a culpa seriam retirados dos corações de crianças inocentes e de adultos entristecidos, que carregam consigo o fardo de uma identidade de seres desmerecedores de uma reunião com Deus no céu.

E se a terceira pergunta do "e se..." fosse aceita como realidade da humanidade, a falta de autoestima, que alimenta tantos dos comportamentos disfuncionais, autodestruidores e prejudiciais da nossa espécie, finalmente seria curada. É evidente que isso faria a maioria desses comportamentos desaparecer.

A MENSAGEM DE DEUS PARA VOCÊ

Desde o início, Deus vem nos dizendo — e isso está se tornando cada vez mais claro — que **a antiga história cultural da humanidade sobre o Deus que nos vê como imperfeitos e que, portanto, não permite nosso retorno ao céu, a não ser que sejamos purificados, é simples e completamente errada**.

Hoje, já podemos descartar esse antigo ensinamento da nossa história atual e parar de contá-la a nós mesmos e aos nossos filhos.

Não nascemos em pecado, tampouco herdamos tendências pecaminosas por meio de uma linhagem de almas que remetam a um suposto primeiro ofensor. "Culpa ancestral" é uma ficção da nossa imaginação. A história de Adão e Eva também é ficção.

Deus não expulsou ninguém do paraíso, e uma rápida olhada para o mundo lhe mostrará que os seres humanos ainda estão vivendo no paraíso. Sim, estão pilhando-o passo a passo, mas, apesar de tudo isso, nada se compara a um pôr do sol, ao voo de uma águia ou de uma borboleta, à fragrância de uma rosa ou ao frescor do orvalho. Não há nada mais maravilhoso do que a beleza silenciosa da neve caindo ou do que a beleza barulhenta de ondas quebrando na praia. Contemplamos tudo isso maravilhados, pois sabemos que estamos vendo algo mais que magnífico.

E isso é só o começo, apenas o topo de uma lista de tesouros que esse paraíso chamado Terra sempre oferecerá, basta cuidarmos deles como *tesouros*, protegendo-os da destruição.

A beleza deste mundo é aumentada de forma imensurável pela beleza que você possui. Não há *nada* de imperfeito em você. Nada que possa ter pensado, nada que possa ter dito, nada que possa ter feito. Tudo é perfeito, porque tudo faz parte do processo de sua evolução pessoal — e, numa escala maior, da evolução da espécie humana.

Assim como também todos os experimentos "fracassados" de todos os cientistas em todos os laboratórios espalhados pelos mundos são perfeitos, pois são passos na produção de um resultado altamente importante e benéfico... Assim como todos os erros de matemática e ortografia de todas as crianças em todas as escolas do mundo são perfeitos, pois são passos na produção das notas mais altas... também os "erros" da humanidade como um todo são perfeitos aos olhos de Deus — são passos no processo evolutivo de *toda a vida em todos os lugares.*

Tudo que já foi pensado, dito e feito por qualquer ser humano — até mesmo o pior disso tudo — é o produto da inocência de uma espécie tão jovem que seus membros não souberam fazer melhor; não entendiam como alcançar aquilo que ansiavam, não compreendiam como escapar ou fugir daquilo que quiseram evitar.

Muitas pessoas têm dificuldades de aceitar isso. A ideia de que seres humanos adultos fizeram essas coisas, de que alguns de nós agiram dessa forma por causa de uma imaturidade extrema desafia a nossa crença segundo a qual homens e mulheres adultos sabem discernir entre o certo e o errado e segundo a qual ninguém precisa lhes dizer que matar outras pessoas e destruir tudo que encontram pelo caminho não é a forma certa de alcançar suas metas, sejam quais forem.

Afirmamos que as pessoas deveriam ser mais sábias, pois gostamos de imaginar os seres humanos como altamente evoluídos. Na verdade, a humanidade acaba de sair de sua infância.

Em seu livro *New World New Mind* [Mundo novo, mente nova], Robert Ornstein e Paul Ehrlich ilustraram isso num parágrafo desafiador:

> Suponhamos que a história da Terra fosse representada no calendário de um único ano, no qual a meia-noite de 1º de janeiro marcasse a origem da Terra; e a meia-noite de 31 de dezembro, o presente. Então cada dia do "ano" da Terra representaria 12 milhões de anos da sua história. Nessa escala, a primeira forma de vida, uma simples bactéria, emergiria em algum momento em fevereiro. Formas de vida mais complexas, porém, surgiriam muito mais tarde: os primeiros peixes apareceriam por volta do dia 20 de novembro; os dinossauros, por volta de 10 de dezembro e desapareceriam no dia de Natal. O primeiro de nossos ancestrais, reconhecível como humano, não apareceria antes da tarde de 31 de dezembro. O homo sapiens — nossa espécie — surgiria por volta de 23h45 deste último dia... e tudo que aconteceu na história documentada ocorreria no último minuto do ano.

Como você pode ver, somos uma espécie incrivelmente jovem e, por consequência, muito imatura.

E assim usamos a violência para produzir resultados que acreditávamos justificar os meios (mesmo que isso tenha significado a morte de milhões de homens, mulheres e crianças inocentes).

E assim usamos a dominação — por vezes, brutal e cruel — para gerar resultados que acreditávamos ser uma experiência desejável (mesmo que isso tenha submetido toda a população de um país ou de uma região à opressão, à perseguição e ao maltrato inescrupuloso).

E assim usamos o interesse próprio — às vezes um interesse próprio desenfreado — para gerar um nível de suficiência para nós mesmos que acreditávamos merecer (mesmo que outros tenham ficado sem nada num modelo econômico global que criamos).

E assim usamos a justiça própria — às vezes uma justiça própria execrável e abominável — para produzir um senso de autoestima que acreditávamos merecer (mesmo que isso tenha significado dizer a outros que eles eram indignos e seriam condenados por Deus).

*

Essas condutas infantis são vistas por Deus como birras descontroladas e irracionais de uma espécie não iluminada, de uma raça de seres sensíveis numa fase primitiva, primordial de seu processo de amadurecimento.

Em palavras simples: o Divino entende perfeitamente a natureza do ser humano. Assim como nós compreendemos como uma criança de três anos é capaz de derrubar o leite ao tentar alcançar o bolo de chocolate porque deseja tanto aquele bolo, Deus também entende perfeitamente como pudemos agir como alguns de nós agiram, tentando alcançar o que tanto desejamos.

Até mesmo o desejo de algumas coisas em si pode ser considerado "errado" por alguns seres humanos julgadores, da mesma forma como o desejo de uma criança de receber um pedaço maior de bolo do que sua irmã pode ser considerado "errado". No nosso sistema de valores humanos, uma pessoa não deveria querer mais do que as outras. E seu comportamento certamente seria considerado "errado" se tentasse conseguir o que quer por meio de métodos violentos. No entanto, o pai sábio compreende o desejo ainda imaturo do filho mais velho e não o põe de castigo no quarto pelo resto de sua infância.

Deus nos vê como nós vemos nossos filhos: num processo de amadurecimento, mas mesmo assim completos e perfeitos neste momento. Não precisamos ser de determinada maneira, não há nada que precisamos dizer, nada que precisamos fazer para conquistar o amor do nosso Criador, que nos ama mesmo quando nos comportamos mal. Não precisamos conquistar qualificações para merecermos o direito de voltar para o céu. Nossa qualificação é a nossa *existência*. Não precisamos de nada além disso.

Essa mensagem é tão importante que precisamos repeti-la:

> *Não precisamos conquistar qualificações para merecermos o direito de voltar para o céu. Nossa qualificação é a nossa existência. Não precisamos de nada além disso.*

*

Repito: isso é difícil de acreditar e aceitar para uma raça de seres condicionada a imaginar que uma justiça perfeita exige condenação e punição — inclusive, em alguns casos, a morte.

Você precisa se lembrar de que os seres humanos possuem uma compreensão tão infantil que alegarão que o assassinato de pessoas pelo Estado é a maneira certa de ensinar às pessoas que assassinar alguém é algo ruim.

Você precisa se lembrar de que os seres humanos possuem uma compreensão tão infantil que alegarão que o uso de armas de destruição em massa por um país é a maneira certa de ensinar a outro país que a posse de armas de destruição em massa é algo ruim.

Você precisa se lembrar de que os seres humanos possuem uma compreensão tão infantil que alegarão que a adesão estrita a uma religião que ensina a não tolerar qualquer outra religião é a maneira certa de ensinar ao mundo que a intolerância é algo ruim.

*

Um Deus do Amor Incondicional é incompreensível a uma espécie que ainda precisa aprender a se amar o bastante para parar de se autodestruir.

Não conseguimos acreditar que Deus nos perdoa por aquilo que nós não perdoamos nos outros.

Mesmo assim, apesar de fazermos o que nós ou outros consideramos ser coisas verdadeiramente horríveis durante o nosso tempo na terra... mesmo assim é verdade que Deus nos receberá em seu lar.

Há uma série de boas razões para que isto seja verdade, e nós as analisaremos nos capítulos a seguir ao passo que continuamos a explorar os equívocos da humanidade sobre Deus. Por ora, por favor, leia isto que Jesus nos ensinou.

Sei que, provavelmente, você já conhece muito bem esta história, mas, por favor, leia mesmo assim:

> Um homem tinha dois filhos. O mais novo disse ao seu pai: "Pai, quero a minha parte da herança." Assim, ele repartiu sua propriedade entre eles.
>
> Não muito tempo depois, o filho mais novo reuniu tudo o que tinha, e foi para uma região distante; e lá desperdiçou os seus bens vivendo irresponsavelmente. Depois de ter gasto tudo, houve uma grande fome em toda aquela região, e ele começou a passar necessidade.
>
> Por isso foi empregar-se com um dos cidadãos daquela região, que o mandou para o seu campo a fim de cuidar de porcos. Ele desejava encher o estômago com as vagens de alfarrobeira que os porcos comiam, mas ninguém lhe dava nada. Caindo em si, ele disse: "Quantos empregados de meu pai têm comida

de sobra, e eu aqui, morrendo de fome! Eu me porei a caminho e voltarei para meu pai, e lhe direi: "Pai, pequei contra o céu e contra ti. Não sou mais digno de ser chamado teu filho; trata-me como um dos teus empregados."

A seguir, levantou-se e foi para seu pai. Estando ainda longe, seu pai o viu e, cheio de compaixão, correu para seu filho, e o abraçou e beijou. O filho lhe disse: "Pai, pequei contra o céu e contra ti. Não sou mais digno de ser chamado teu filho." Mas o pai disse aos seus servos: "Depressa! Tragam a melhor roupa e vistam nele. Coloquem um anel em seu dedo e calçados em seus pés. Tragam o novilho gordo e matem-no. Vamos fazer uma festa e comemorar. Pois este meu filho estava morto e voltou à vida; estava perdido e foi achado." E começaram a festejar.

Enquanto isso, o filho mais velho estava no campo. Quando se aproximou da casa, ouviu a música e a dança. Então chamou um dos servos e perguntou-lhe o que estava acontecendo.

Este lhe respondeu: "Seu irmão voltou, e seu pai matou o novilho gordo, porque o recebeu de volta são e salvo."

O filho mais velho encheu-se de ira, e não quis entrar. Então seu pai saiu e insistiu com ele. Mas ele respondeu ao seu pai: "Olha! todos esses anos tenho trabalhado como um escravo ao teu serviço e nunca desobedeci às tuas ordens. Mas tu nunca me deste nem um cabrito para eu festejar com os meus amigos. Mas quando volta para casa esse seu filho, que esbanjou os teus bens com as prostitutas, matas o novilho gordo para ele!" Disse o pai: "Meu filho, você está sempre comigo, e tudo o que tenho é seu. Mas nós tínhamos de comemorar e alegrar-nos, porque este seu irmão estava morto e voltou à vida, estava perdido e foi achado."

Para mim, esta é a história mais importante de toda a Bíblia. Ela expressa todas as coisas importantes que Jesus quis nos comunicar sobre Deus. Mas Jesus sabia que raramente as pessoas entendiam verdades de fato profundas se as ouvissem apenas uma vez. Por isso, repetiu a mesma coisa de novo, dizendo coisas como:

> Qual de vocês que, possuindo cem ovelhas, e perdendo uma, não deixa as noventa e nove no campo e vai atrás da ovelha perdida, até encontrá-la?
>
> E quando a encontra, coloca-a alegremente sobre os ombros e vai para casa. Ao chegar, reúne seus amigos e vizinhos e diz: "Alegrem-se comigo, pois encontrei minha ovelha perdida."

Isso inclui os piores no nosso meio? As "ovelhas negras" da nossa família humana?

Sim.

E assim podemos descansar tranquilos. Não seremos abandonados se nos perdermos e não seremos rejeitados quando finalmente voltarmos para casa, independentemente daquilo que tenhamos feito enquanto estávamos fora.

Tenho uma grande surpresa para você no capítulo 22. Lá, tudo isso ficará claro em 13 palavras. Mas não pule as páginas. Os capítulos intermediários colocarão essas 13 palavras em seu contexto apropriado. Elas significarão muito mais para você se continuar firme em sua leitura em vez de "pular" até elas.

*

Parábolas e histórias são uma maneira de transmitir ideias. Outra maneira é a utilização de poesias. Poesias circundam a mente e penetram diretamente o coração. Já usei o seguinte poema em outros livros meus e uso-o aqui mais uma vez porque — como a parábola mencionada — é impossível ouvir vezes demais uma mensagem colocada em palavras lindas.

Sou abençoado por ser o marido da poetisa norte-americana Em Claire. E este é o seu presente:

EM ALTO-MAR

Saí de casa há tanto tempo
Que não reconheceria meu próprio rosto.
Construí um barco da minha vida
E parti
Para o mar aberto,
Acenando para todos que sabiam
Que o mar me daria tudo
Com que eu saberia lidar
E tudo com que não saberia lidar —
Mesmo assim acenaram, e eu parti
Para o mar aberto
No barco da minha vida:
Construído com a alma, feito pelo coração.
E com grande inocência parti
Para o mar aberto
E tenho estado longe de casa
Há tanto tempo que não reconheceria meu próprio rosto —
Mas eu sei que o lar
O lar
Se lembra de mim.

(Do livro e CD *Home Remembers Me*)

CAPÍTULO 12

Outro equívoco sobre Deus: *Deus exige que acreditemos nele e que o adoremos de uma maneira específica*

Grande parte do mundo acredita num Deus que é um ser super-humano do sexo masculino, que exige obediência, que diz que somos imperfeitos porque nossas almas não têm sido obedientes e que, a fim de cairmos nas graças de Deus (e, portanto, sermos admitidos ao céu), *precisamos satisfazer determinadas exigências.*

Uma dessas exigências é que acreditemos em Deus de uma maneira específica e o adoremos de determinada forma.

Isso significa basicamente que precisamos pertencer a uma religião específica — ou, no mínimo, ser leais às suas doutrinas.

O mero pensamento de que *precisamos* estar "de bem" com Deus emerge da ideia que já discutimos, segundo a qual apenas a pureza absoluta e a perfeição total são admissíveis ou estão presentes no céu, o que, muito provavelmente, não nos descreve — portanto, seria melhor fazermos algo a respeito disso.

Esse pensamento, por sua vez, emerge de outro pensamento que exploramos mais cedo: da noção de que entramos neste mundo num *estado* de impureza, marcados desde o nascimento pelo pecado original, pela imperfeição herdada ou pela culpa ancestral, e que todos nós temos ofendido Deus por meio de nossos próprios pecados ao longo da vida.

E *esse* pensamento emerge de uma convicção profunda segundo a qual nós *podemos* pecar e segundo a qual Deus *pode* ser ofendido.

Dessas convicções solidificadas nasce uma preocupação profunda nos corações de muitas pessoas de que nós *não* nos encontramos nas boas graças de Deus neste momento. E assim buscamos, individual ou coletivamente, maneiras de *entrar* nas graças de Deus — antes de ser tarde demais.

A popularidade das religiões se deve a esse anseio e a suas promessas de produzirem esse resultado.

Aprendemos que as religiões são nosso passaporte para o céu. Tudo que precisamos fazer é seguir seus mandamentos, viver de acordo com seus padrões, obedecer às suas regras e responder de forma afirmativa às suas ordens.

O que aumenta dramaticamente a aposta em tudo isso é a afirmação de algumas denominações de que sua religião é a única maneira de alcançar aquilo que chamam de "salvação".

Elas nos dizem que, se não acreditarmos naquilo que *elas* ensinam, se não abraçarmos a *sua* doutrina, se não aceitarmos o *seu* cânone ou credo como verdade, e nada além da verdade, Deus nos condena à perdição eterna.

Entre os fiéis dessas denominações não existe dúvida em relação a isto: *precisamos* acreditar em Deus e adorá-lo de determinada maneira, ou nossa alma eterna está eternamente condenada.

*

Agora vem o grande *e se...*

> *E se Deus não precisa ser adorado e não precisa que os seres humanos acreditem nele de determinada maneira? E se Deus não precisa que os seres humanos acreditem nele?*

Isso faria diferença? Importaria? No esquema geral das coisas, isso teria algum impacto significativo sobre a nossa experiência neste mundo?

Sim, é claro que sim. Se refutarmos a ideia de que determinada maneira é a única forma de adorar a Deus e de chegar ao céu, a própria justiça espiritual, que parece estar profundamente arraigada na experiência humana de Deus, praticamente desapareceria. E, na ausência dessa justiça própria, todas as guerras religiosas e todos os conflitos interdenominacionais, a matança violenta e sem sentido, que têm encharcado as páginas da história humana durante milênios, também desapareceriam.

Se soubéssemos que não precisamos nem mesmo acreditar em Deus para que ele nos aceite de volta em sua casa, poderíamos então praticar qualquer crença em Deus que desenvolvêssemos — se é que acataríamos qualquer crença — e fazê-lo como expressão de pura alegria e absoluta maravilha, e não como resultado do medo. Uma perda do medo em relação ao que aconteceria se não professássemos uma fé em Deus significaria o fim de todas as religiões fundamentadas no temor.

Fato é que, se a ameaça do "ame a mim, senão..." fosse retirada da nossa experiência de Deus, todo o nosso relacionamento com o Divino mudaria drasticamente, colocando-nos numa amizade autêntica com Deus, na qual nossas preocupações trêmulas seriam substituídas por uma capacitação poderosa.

*

Em outro nível, se acreditássemos que Deus não precisa da nossa adoração, nossa espécie pararia de considerar toda a noção de "adoração" uma coisa boa, antes a veria, corretamente, como o tipo de atividade subjugadora humana que nega a nossa própria magnificência divinamente concedida — sem falar da nossa própria *presença* naquilo que dizemos adorar.

Essa elevação do eu humano para o seu devido lugar de *inclusão* maravilhosa nessa expressão que chamamos de Deus daria uma nova forma à identidade básica da humanidade, alterando a compreensão e expressão da nossa espécie *em si*. E faria isso de forma tão completa que removeria e eliminaria a conduta egoísta, prejudicial, maliciosa ou malevolente da experiência humana para sempre. De repente, saberíamos quem realmente somos e quem são todos os outros, e nós nos trataríamos de modo muito diferente.

Na verdade, é isso que aconteceu em todas as civilizações de todos os seres altamente evoluídos no universo. O efeito que essa mudança nas convicções teria sobre o planeta finalmente também *civilizaria* a nossa civilização.

A MENSAGEM DE DEUS PARA VOCÊ

Desde o início, Deus vem nos dizendo — e isso está se tornando cada vez mais claro — que **a antiga história cultural da humanidade sobre um Deus que exige que o adoremos, que acreditemos nele e nos aproximemos dele de determinada forma** é simples e completamente errada.

Hoje, já podemos descartar esse antigo ensinamento da nossa história atual e parar de contá-la a nós mesmos e aos nossos filhos.

Deus não se importa com a religião à qual pertencemos (ou se pertencemos a alguma religião). Religiões são invenções e convenções da humanidade.

Deus não se importa com o que acreditamos sobre ele (ou se acreditamos nele). Crenças são invenções e convenções da humanidade.

Deus não precisa que providenciemos a ele algo de que precisa (porque Deus não precisa de coisa alguma). Necessidades são invenções e convenções da humanidade.

A necessidade de ser adorado (sem falar sobre a *ordem* de ser amado) só pode ser a característica de um governador inseguro, insatisfeito, soberbo e tirânico — descrição esta que simplesmente não descreve o Deus deste universo.

A necessidade de ser abordado de uma maneira única e específica, tornando qualquer outra abordagem (independentemente de quão sincera, pura e árdua ela seja em suas motivações, intenções e esforços), não só é insuficiente, mas também uma causa para *julgamento, condenação e maldição*; só poderia ser a característica de um déspota irracional, intolerante, hipersensível, mesquinho e draconiano — descrição esta que não descreve o Deus deste universo.

A ideia de que Deus *ordena* ser amado contraria toda razão e lógica. No entanto, muitos se agarram a ela, pois está escrito naquilo que foi chamado *o maior mandamento*: "Amarás o Senhor, teu Deus, de todo teu coração, com toda a tua alma e com toda a sua força."

Então, deixe-me dizê-lo claramente e sem equívoco: o Deus deste universo — pelo *simples fato* de *ser* Deus — não precisa nem exige a adulação de ninguém. E o Deus deste universo — pelo *simples fato* de *ser* Deus — nada tem a perder se acolher qualquer alma que se achegue a ele por qualquer caminho e se alegra quando qualquer alma encontra o caminho de volta para casa ao entender, aceitar e assumir sua nova identidade.

A ideia de que Deus rejeita todos com exceção daqueles que vão a ele por um caminho único e específico é simplesmente errada. Ela contraria qualquer pensamento racional e contradiz diretamente a definição de Amor.

A ideia de que Deus rejeita todos com exceção daqueles que vão a ele por um caminho único e específico é simplesmente errada.

A boa notícia é que a nossa Deidade não é o Deus de uma marca registrada.

O amor, a aceitação e a alegria de Deus em nós não dependem das palavras que dizemos em oração, do nome que invocamos em nossa súplica ou da fé que abraçamos e na qual pomos nossa esperança.

Aos olhos de Deus, um judeu vale tanto quanto um cristão; um cristão, tanto quanto um muçulmano; um muçulmano, tanto quanto um budista; um budista, tanto quanto um mórmon; um mórmon, tanto quanto um baha'i; e um ateu, tanto quanto todos esses.

Aquilo que é aquilo que é não depende, nem em seu ser nem em sua alegria e em seu êxtase de ser o que é, de qualquer expressão específica de qualquer forma específica de qualquer parte específica de seu ser.

*

Podemos ir mais longe. Nem mesmo é necessário que os seres humanos *acreditem* que Deus *existe* para que as bênçãos divinas fluam. Deixar suas bênçãos fluírem é a maior alegria de Deus, e trata-se de um processo ininterrupto e eterno. Nada, nada tem a ver com o nosso amor por Deus, e tudo tem a ver com o amor de Deus por nós.

Repito, esse seja talvez o conceito mais difícil de ser aceito pelos seres humanos. A maioria de nós parece não ser capaz de aceitar a noção de que o amor divino flui livremente para todos, sem exceção, sem exigências e sem qualquer condição.

Ou, numa inversão notável, muitos declaram que o amor de Deus *flui* livremente para todos e que a condenação e punição divinas, pelo fato de não acreditarem em Deus ou por qualquer erro que cometam, é uma *demonstração* de seu amor.

É apenas por meio de uma arquitetura teológica complicada que a ideia de um Deus bom e generoso pode ser construída e preservada — apesar de ser questionável se essa preservação foi alcançada no nível que os construtores dessa teologia tiveram em vista. Parece muito mais evidente que a ideia de um Deus bom e generoso tenha sido rejeitada pela religião e que isso seja a razão principal de milhões de pessoas rejeitarem a ideia de qualquer tipo de Deus.

Essa é uma das maiores tristezas que acometeu a raça humana, pois privou tantos membros da espécie de seu maior recurso, paralisando, assim, a própria espécie de forma imensurável.

Analisaremos esse efeito em seguida.

CAPÍTULO 13

Outro equívoco sobre Deus: *Deus é vingativo, e o seu amor pode se transformar em ira*

Isso é uma extensão de uma crença anterior. Grande parte do mundo acredita num Deus que é um ser super-humano do sexo masculino, que exige obediência, que diz que somos imperfeitos porque nossas almas não têm sido obedientes e que, a fim de cairmos nas graças de Deus (e, portanto, sermos admitidos ao céu), precisamos satisfazer determinadas exigências, e *cujo amor se transforma em ira se essas exigências não forem satisfeitas.*

Uma pesquisa em muitos dos livros sagrados da humanidade revela inúmeras referências à "ira de Deus" em muitas tradições religiosas do mundo.

A tradição judaica nos conta, em Naum 1:2, que: "Adonai é um Deus ciumento e vingativo. Adonai é vingador; ele sabe se enfurecer. Adonai se vinga de seus adversários e guarda sua ira para seus inimigos."

A tradição cristã nos conta, em João 3: 36: "Quem crê no Filho tem a vida eterna; já quem rejeita o Filho não verá a vida, mas a ira de Deus permanece sobre ele."

A tradição islâmica nos conta no versículo 005:060 sobre "aqueles que foram amaldiçoados por Alá, aqueles sobre os quais recaiu a sua ira, aqueles que Alá transformou em macacos e porcos, e os devotos da arrogância e do mal. Sua luta é a pior; são eles os que estão mais distantes do caminho reto".

A tradição mórmon nos conta, em Mosias 3: 36, sobre aqueles que "beberam o cálice da ira de Deus, que a justiça não pôde negar-lhes, assim como não pôde negar a Adão a queda por ter comido da fruta proibida; portanto, não terão direito à misericórdia para sempre".

As coisas são consideradas bastante sérias quando escrituras que nós chamamos de sagradas nos falam de uma Deidade que nós chamamos de impiedosa. Não surpreende, então, que pessoas ao longo de toda a história tiveram medo de ofender Deus. Até Moisés teria dito numa oração a Deus: "Somos consumidos pela tua ira e aterrorizados pelo teu furor" (Salmos 90: 7).

Sim, somos. Essa ideia da ira impiedosa de Deus permeia as concepções humanas do Divino há séculos.

*

Agora vem o *grande e se...*

> *E se Deus nunca manifestou e nunca expressará ou sentirá ira?*

Isso faria diferença? Importaria? No esquema geral das coisas, isso teria algum impacto significativo sobre a nossa experiência neste mundo?

Sim, é claro que sim. Isso nos permitiria acreditar num Deus cujo amor é incondicional e jamais é negado por qualquer motivo — certamente não por nossas *crenças*.

Isso, por sua vez, daria aos seres humanos — por fim — um modelo adequado da natureza verdadeira do amor e um exemplo maravilhoso de como nos amar uns aos outros. Neste momento, muitos seres humanos usam sua compreensão de como *Deus nos* ama como modelo de como *eles* devem amar uns aos outros.

Aceitar que o amor de Deus é incondicional significaria que uma manifestação de ira humana, qual fosse o seu motivo, não poderia mais ser justificada com o ensinamento segundo o qual Deus teria despejado sua ira sobre a humanidade tantas vezes. (Lembre-se de que a Bíblia dá a entender que mais de 2 milhões de pessoas foram mortas por ordem de Deus.)

No nível de relacionamentos individuais e românticos, uma nova maneira de amar encontraria um *fundamento demonstrável* se não ouvíssemos o tempo todo sobre a ira de Deus. Esse novo fundamento seria o amor incondicional de Deus. Que modelo teríamos enfim! Alguém que nos ama, *não importa o que acontecer.*

O medo também seria expulso do coração humano para sempre se acreditássemos que a experiência do amor — de outro ser humano ou de Deus — é para sempre.

Se acreditássemos que Deus não possui ira, crianças pequenas poderiam ir para a cama sem se preocupar com o que acontecerá se não acordarem de manhã. A oração "Agora me deito para dormir. Deus, protege a minha alma. Se eu morrer antes de acordar, peço que acolhas a minha alma..." poderia ser substituída por: "Agora me deito para dormir, sei que Deus protege a minha alma. E se eu morrer antes de acordar, sei que Deus acolherá a minha alma."

Se acreditássemos que Deus não expressa ira, bilhões de adultos poderiam se deitar sem sentir a necessidade de implorar à Virgem Maria, mãe de Jesus, que ela interceda "por nós pecadores, agora e na hora da nossa morte".

Assim, a teologia da súplica seria substituída pela teologia da aplicação.

A teologia da súplica é aquela que nos coloca na posição de suplicante, que continuamente pede, implora, solicita algo a Deus.

A teologia da aplicação é aquela em que *aplicamos* nas nossas vidas aquilo que sabemos ser verdade sobre nosso relacionamento com Deus: que Deus vive em nós, por meio de nós e por nós e que as qualidades da Divindade são nossas, para que as apliquemos em nosso dia a dia, incluindo sabedoria, clareza, conhecimento, criatividade, poder, abundância, compaixão, paciência, empatia, satisfação, paz e amor.

A MENSAGEM DE DEUS PARA VOCÊ

Desde o início, Deus vem nos dizendo — e isso está se tornando cada vez mais claro — que **a antiga história cultural da humanidade sobre a ira de Deus é simples e completamente errada**.

Hoje, já podemos descartar esse antigo ensinamento da nossa história atual e parar de contá-la a nós mesmos e aos nossos filhos.

Fato é que Deus não tem razão alguma para experimentar ou expressar ira. Quando você é tudo, *tem* tudo, *criou* tudo, *experimenta* tudo e pode *expressar* tudo que deseja expressar, o que poderia existir para deixá-lo com raiva?

Quando você nada *quer*, nada *precisa*, nada *exige* e nada *ordena*, não há nada também que possa decepcioná-lo.

Por fim, quando não *existe* nada além de você, de quem você poderia sentir raiva? Quem castigaria? Deve a mão direita bater na esquerda?

A ideia da ira de Deus se apoia numa noção segundo a qual Deus se importa com aquilo que você faz ou não faz como uma dentre bilhões de pessoas em um de bilhões de momentos em um de bilhões de planetas em um de bilhões de setores de um cosmo que é bilhões ou trilhões de vezes maior do que seu planeta. Segundo essa noção, Deus não só se importa como também se importa *tanto* a ponto de se sentir *profundamente magoado* e *seriamente ofendido* se sua conduta não corresponder àquilo que ele espera — ou melhor, àquilo que ele *exige* de você.

Isso seria igual a dizer que *você* se preocupa com um grão de areia entre todos os grãos de areia em todas as praias do mundo. Você pode *amar* a areia e *todos* os seus grãos porque fazem parte do milagre e da beleza de todas as praias do mundo, mas certamente você não ficaria furioso se um desses grãos não refletisse a luz do sol da maneira como deveria. E certamente não ficaria furioso se soubesse que isso é apenas um estado temporário, um nanossegundo na existência eterna desse grão de areia.

*

A ideia de um Deus cheio de ira não depende apenas da ideia de que Deus tem uma preferência em relação aos nossos comportamentos, mas também da noção de que todos os nossos comportamentos e todas as suas consequências *ainda não aconteceram.*

Uma Deidade furiosa só pode ser imaginada dentro dos conceitos totalmente artificiais de tempo e espaço. Mas no aqui e agora universal, Deus não pode *ficar* furioso baseado em algo que *acaba de acontecer*, mas precisaria estar *sempre* furioso em virtude das coisas das quais supostamente discorda, já que tudo que já aconteceu está acontecendo neste momento e tudo que acontecerá está acontecendo simultaneamente no momento eterno e singular do Agora infinito.

É verdade que Deus está sempre sendo *algo* no Agora infinito, mas a "ira" não faz parte disso. Deus é Amor, eterno e imutável.

Não ira. Amor.

Amor incondicional.

A Essência Essencial. A Força Primordial. A Energia Pura. O Elemento Singular. A Única Coisa Que Existe.

Para nos aproximar dessa concepção nova e revolucionária da Realidade Divina e da experiência da Deidade, precisamos nos livrar da noção de que Deus é uma criatura sujeita a humores, cujo temperamento depende daquilo que está acontecendo em determinado momento de determinado dia de determinada vida em determinado lugar em determinado planeta em determinado sistema planetário em determinada galáxia dentro de determinado quadrante de determinado universo.

Para ajudá-lo a se aproximar dessa concepção nova e revolucionária, lembre-se sempre disto:

Deus é Amor, eterno e imutável.
Não ira. Amor.
Amor incondicional.

*

Há uma terceira noção que precisamos discutir. Trata-se da crença teimosa de que existe algo chamado "justiça divina" que possa ser violado ou de que a perfeição divina possa, de alguma forma, ser manchada irrevogavelmente por um evento singular na vida singular de — e lá vamos nós mais uma vez — um ser singular num planeta singular num sistema solar singular de uma galáxia singular dentro de um quadrante singular de um universo singular.

Algumas religiões nos dizem que é essa violação ou impureza que Deus considera intolerável ou inaceitável e que, portanto, precisa ser corrigida e reconciliada.

Mas Deus (ao contrário das religiões) nos diz que a perfeição *não pode* ser manchada, pois a perfeição é o estado natural das coisas, a condição e realidade eterna.

Na verdade, nada é melhor do que outra coisa, mas todas as coisas são simplesmente o que são: reflexos de um universo em perfeito funcionamento numa manifestação perfeita de uma realidade perfeitamente existente, em que uma coisa leva inevitavelmente a outra num processo infinito chamado evolução.

Como toda e qualquer realidade pode ser perfeita? Simples. Se ninguém exigir nada além daquilo que é. E esse é o estado natural das coisas.

Na Realidade Última, aquilo que é divino não exige nem deseja nada além daquilo que é, pela razão muito boa de que aquilo é a soma total de todas as possibilidades, de todos os eventos, de todas as circunstâncias, de todas as condições, de todas as experiências e de todas as expressões de vida em todas as suas formas, e tudo isso de uma só vez.

Um dia chuvoso não é menos perfeito do que um dia ensolarado, pois é o dia chuvoso que torna glorioso o dia ensolarado, e é o calor do dia ensolarado que torna refrescante o dia chuvoso.

São os erros de tabuada de uma criança de nove anos que a transformam em um gênio matemático que leciona álgebra avançada no MIT aos 43.

E, sim, foi também o terror das piores experiências humanas que gerou as melhores expressões da nossa espécie ao longo da nossa evolução pelos séculos e milênios.

Em vista de toda a existência, um evento ou uma circunstância produz, em algum momento, uma consciência que gera outro evento ou circunstância, e o mestre vive a vida sem julgar ou condenar esse processo ou pessoa ou ocorrência que faça parte dela; antes, permanece focado no mosaico maior.

"Justiça" e "perfeição" são conceitos humanos, criados dentro do contexto de valores relativos. A ideia da justiça divina depende de uma ideia precedente, segundo a qual algumas coisas seriam "certas" e outras, "erradas" aos olhos de Deus. Essa ideia, porém, não existe na esfera do espiritual, que é também a esfera do Absoluto, em que tudo é experimentado no Aqui e no Agora e em que a única energia é o Amor Absoluto.

Cada mestre espiritual sabe disso, e essa é a razão pela qual todos os mestres espirituais dizem, cada um de seu jeito: *Não julgue nem condene*. Você já ouviu essa mensagem aqui — e você a ouvirá novamente antes de encerrarmos estas reflexões —, pois ela é a essência de tudo aquilo que a raça humana é convidada a abraçar em sua nova compreensão de Deus.

A pergunta é: esse "não julgue nem condene" se aplica também a Deus?

A resposta que a maioria dos religiosos nos dá é: não.

Quem não deve julgar são os *seres humanos*; Deus, porém, *deve* julgar.

Mas será que é assim mesmo que tudo deve funcionar? Caso a resposta seja positiva: por quê? Como tudo isso veio a ser assim?

CAPÍTULO 14

Outro equívoco sobre Deus: *Deus estava em guerra com o diabo, e foi assim que tudo começou*

Praticamente todas as religiões falam de uma entidade ou criatura que não é Deus. Essa criatura tem sido chamada de muitas coisas, entre elas: Satanás, Lúcifer, Belzebu, Diabo, Príncipe da Escuridão, Espírito Mau, Anjo Caído e Tentador. Dizem que essa criatura se encontra numa guerra constante com Deus pelas almas da humanidade.

Para dar apenas um exemplo, a teologia das Testemunhas de Jeová ensina que essa criatura chamada Diabo existia originalmente como anjo perfeito, mas então desenvolveu sentimentos de orgulho e arrogância e convenceu Eva, a primeira mulher, e, por meio dela, Adão, o primeiro homem, a desobedecerem a Deus. Foi essa decisão de se rebelar contra a soberania de Deus e de obedecer ao Diabo que transformou Adão e Eva em pecadores, que então transmitiram a natureza pecaminosa para todos os seus descendentes.

Deus poderia simplesmente ter destruído o Diabo bem ali naquele momento e também o casal desobediente. (Afinal de contas, ele matou pessoalmente ou ordenou que matassem 2 milhões de pessoas, se decidirmos acreditar na Bíblia.) Mas, segundo a teologia das Testemunhas de Jeová, Deus decidiu testar a lealdade do restante da humanidade e provar ao resto do universo que o homem não pode ser bem-sucedido e independente de Deus ao mesmo tempo, que o homem está perdido sem suas leis e seus padrões e jamais conseguirá estabelecer a paz na terra, e que Satanás é um enganador, assassino e mentiroso.

Essa teologia não explica por que Deus precisaria testar qualquer coisa, sobretudo a lealdade de uma espécie recém-nascida (o que seria comparável a exigir "lealdade" de um bebê de três dias de idade). Tampouco nos diz por que Deus teria de "provar" qualquer coisa ao resto do universo — mesmo reconhecendo que essa teologia nos confronta com a possibilidade interessante de que exista vida inteligente em outras partes do universo. Caso contrário, por que se importar com isso?

*

Essa história de ficção científica sobre um Deus que expulsa do paraíso suas criaturas, criadas com tanto amor, não se limita à teologia de uma única denominação. Essa mesma história é ensinada amplamente de forma semelhante pela história de origem em muitas religiões e culturas.

Outro exemplo: em alguns lares coreanos, conta-se a história do Jardim de Mago. Essa narrativa fala de uma Deidade que criou um paraíso e nele colocou criações humanas de cores diferentes, como flores num lindo jardim. Mas, por causa de suas diferenças, essas criaturas lutaram entre si e, assim, em sua ira e decepção, Mago expulsou suas criaturas do paraíso, separando-as e enviando-as para lugares diferentes na terra, dizendo-lhes que só poderiam retornar ao Jardim se aprendessem a coexistir em harmonia. Como nos conta essa história, desde então as pessoas de cores diferentes da terra têm tentado encontrar uma maneira de cumprir essa exigência.

Cada uma das nossas histórias de origem fala de um Deus que criou algo que, no fim, se mostrou não ser tão bom assim. Por mais improvável que pareça, continuamos a insistir nisso. Em algumas versões desse conto, aquilo que estragou tudo foi um anjo chamado Lúcifer; em outras, foram os próprios filhos de Deus; e em outras, foram ambos. Em algumas histórias, Deus estava em guerra com o Diabo e, vitorioso, o lançou no inferno para sempre, e é a partir desse lugar terrível que ele compete pelas almas dos homens.

Em todo caso, a história de origem fundamental da humanidade é, como já disse, a história de um bom plano que não deu certo — de algo que não é divino, mas que *emergiu* do Divino, que não conseguiu demonstrar ou refletir as qualidades *do* Divino e que agora nos tenta a fazer o mesmo.

*

Agora vem o grande *e se...*

> *E se não existir essa coisa que chamamos de Satanás, Diabo, Lúcifer ou qualquer "espírito mau" — e se aquilo que não é divino simplesmente não existir?*

Isso faria diferença? Importaria? No esquema geral das coisas, isso teria algum impacto significativo sobre a nossa experiência neste mundo?

Sim. Sem a existência de uma entidade má ou uma força do mal que dizem existir na realidade última, toda a mitologia da guerra de Deus com a Escuridão se dissolveria e, com ela, toda a ideia de uma luta eterna entre o bem e o mal.

Uma notícia de agosto de 2014, publicada no site *TheSpectrum.com*, ilustra o quanto essa ideia está arraigada na cultura humana — e nos oferece um exemplo impecável do primeiro ponto destacado no primeiro capítulo deste livro. Lá, eu disse que não é pouca coisa estarmos equivocados sobre Deus, visto que um número enorme de decisões tomadas por bilhões de pessoas no mundo inteiro é tomado dentro do contexto daquilo que elas acreditam sobre Deus e sobre aquilo que Deus quer. Se você acha que eu exagerei, leia isto: "O fazendeiro Cliven Bundy, de Nevada, contou aos membros do Partido Independente Norte-americano, reunidos ali para ouvi-lo no sábado, que o confronto em abril entre sua família, agências federais e os membros armados da milícia de Bundy era parte de uma batalha milenar entre o bem e o mal", segundo o artigo do *The Spectrum*.

O senhor Bundy recebeu a ordem do governo federal de retirar seu gado dos pastos pertencentes ao governo. Bundy se recusou, e essa recusa foi divulgada nos noticiários nacionais, atraindo assim pessoas armadas do país inteiro para apoiar a sua causa. Ou, nas próprias palavras dele: "Estavam aqui pessoas de todos os estados dos Estados Unidos. Algumas me contaram que haviam viajado quarenta horas para chegar aqui. Por que elas vieram? [...] Porque acharam que era necessário. Elas foram tocadas espiritualmente."

O noticiário citou também sua pergunta, que ele dirigiu ao grupo: "Se a nossa constituição (norte-americana) é um documento inspirado pelo nosso Senhor Jesus Cristo, ela não é também escritura sagrada?" "Sim", respondeu um coro de vozes.

"Ela não é igual ao Livro de Mórmon e à Bíblia?", perguntou Bundy. "Absolutamente", respondeu seu público segundo o site *The Spectrum*.

Esse confronto armado com os policiais federais (que, falando nisso, recuaram) reflete a mesma história cultural que inicia todas as nossas guerras.

Guerras humanas se baseiam em — e, na verdade, *exigem* — a caracterização de pessoas e posições como "boas" e "más", para que os seres humanos sejam suficientemente motivados a violar sua própria natureza fundamental, *que exige jamais machucar ou danificar qualquer pessoa ou coisa.*

Uma "reverência pela vida" existe no núcleo de cada ser racional, e a única maneira de fazê-lo agir de forma contrária ao seu impulso interior é convencê-lo de que ele está fazendo o "bem" ao agir de modo que a própria entidade chamaria de "má" se essa mesma ação fosse tomada contra ela.

*

Grande parte do comportamento disfuncional da humanidade relacionada à violência e guerra se deve a religiões que adotam a história de uma guerra no céu entre Deus e Satanás, da qual Deus saiu vitorioso, expulsando então o Anjo Caído do paraíso.

Como já contamos aqui várias vezes (seguindo o exemplo de várias religiões), o Anjo Caído não foi destruído, mas, segundo a mitologia, teve permissão para existir como Príncipe da Escuridão e Chefe dos Demônios, que, *até os dias de hoje, continua a lutar com Deus* numa guerra pelas almas humanas.

De modo interessante, isso é descrito como uma batalha que Satanás pode *vencer*. E, quando ele vence, as almas que sucumbem às suas tentações são enviadas para se unirem a ele nas chamas eternas do inferno.

A Bíblia está cheia de afirmações sobre o inferno — afirmações apresentadas como doutrina vital (Hebreus 6: 1-2), que descrevem o inferno como um lugar real e literal de fogo e tormento (Judas 1: 3-7; Apocalipse 14: 10; 20: 10-15; 21, 8), dizendo-nos que este é o lugar onde aqueles que não conheceram Cristo sofreriam a danação eterna (2 Tessalonicenses 1: 8-9) e nos advertindo de que este é um castigo que dura para sempre para aqueles que rejeitam Cristo (Mateus 13: 41-42; 18: 8- 9; 25: 41-46; Lucas 16: 19-31).

Assim, a religião nos instruiu com insistência durante séculos, afirmando que devemos fazer todo o possível para evitar as armadilhas do Diabo.

A ideia do bem intrínseco *versus* o mal inerente se transformou em um elemento fundamental da história cultural humana, como aconteceu também com a noção de que Deus se encontra numa batalha contra o Diabo, que justifica e permite que o primeiro administre castigos horríveis e indescritíveis àqueles que não resistem às tentações do segundo e que não procuram o perdão de modo predeterminado e específico. É isso que fornece aos seres humanos o fundamento moral para administrar castigos horríveis e indescritíveis àqueles que *eles* definem como *seus* inimigos.

Afinal de contas, o que serve para Deus certamente serve também para nós.

Assim, a nossa espécie encontrou um fundamento espiritual para todo tipo de barbaridades e recorre ao exemplo de Deus como justificação perfeita para muitas de suas crueldades.

Remova a ideia do mal dos conceitos e das histórias sobre a realidade última, e a pedra angular da crueldade se desfaz; sua lógica se perde; seu fundamento se dissolve; sua justificativa se justapõe a uma verdadeira realidade em que existe nada além de Amor, em que jamais existiu algo senão o Amor e em que nada além de Amor jamais existirá.

*

Todo o roteiro que diz que o mal se encontra em pé de guerra com o bem e que um anjo lutou contra Deus no reino dos céus provém da ideia de que algo que *não* seja Deus possa existir.

Essa ideia gera a noção secundária de que o "pecado", compreendido como ofensa contra Deus, seja possível — que seja possível o ser mais poderoso do universo (na verdade, o *Criador* do universo) se irritar porque um de sete bilhões de seres humanos em um de vários trilhões de planetas não foi à missa no domingo ou deixou de viajar para Meca ou se apaixonou por uma pessoa do mesmo sexo.

Essa ideia, por sua vez, leva à conclusão dúbia de que o castigo de Deus irá e precisará ocorrer como retribuição por essas ofensas, devolvendo assim o equilíbrio às "balanças de justiça" e garantindo que no reino de Deus tudo exista num estado de pureza e perfeição.

A ironia é que um castigo horrível e eterno é completamente desproporcional a muitas das supostas "ofensas" da humanidade (como aproximar-se de Deus com um coração puro, mas com a religião errada). O triste paradoxo é que isso é tudo *menos* uma expressão de pureza e perfeição.

A MENSAGEM DE DEUS PARA VOCÊ

Desde o início, Deus vem nos dizendo — e isso está se tornando cada vez mais claro — que **a antiga história cultural da humanidade sobre a existência de uma criatura conhecida como Satanás é simples e completamente errada.**

Hoje, já podemos descartar esse antigo ensinamento da nossa história atual e parar de contá-la a nós mesmos e aos nossos filhos.

Não existe uma criatura como Satanás, e o inferno também não existe.

Aqueles que acreditam na existência de Satanás afirmam que sua não existência é exatamente o que o próprio Satanás alegaria e da qual ele tentaria nos convencer. Portanto, qualquer um que afirma que Satanás não existe é visto como alguém que não só defende uma diferença teológica em relação às massas, mas como "instrumento do Diabo".

Isso garante que essa diferença de opinião raramente venha a ser revelada ou discutida amplamente.

Mesmo assim, nós a discutiremos aqui.

Aquilo que os seres humanos *chamam* de mal realmente *existe* na nossa realidade, como parte do campo contextual descrito anteriormente. Mas nossas definições do "mal" são criações nossas, que nada têm a ver com qualquer tipo de mal inerente ao reino de Deus.

Na verdade, é justamente a ausência do "mal" na esfera espiritual que exige que o criemos no campo contextual da esfera física, para que possamos expressar e experimentar aquilo que chamamos de "bem".

No entanto, não precisamos criá-lo em nosso próprio planeta. Enquanto existir algo que definimos como "mal" em *qualquer lugar* do nosso campo contextual (que é o universo), podemos experimentar aquilo que chamamos de "bem". Podemos também recorrer à *memória* como meio de criar um campo contextual. Portanto, se nos lembrarmos de um tempo em que experimentamos ou ouvimos falar do "mal", podemos experimentar no presente aquilo que chamamos de "bem". Por isso, a presença e a experiência do "mal" na terra hoje já não é mais uma condição para que a expressão ou experiência do "bem" possa ocorrer.

O fato de aquilo que chamamos de "mal" ser uma criação nossa não significa que aquilo que chamamos de "mal" não seja "real" na nossa experiência (no mesmo sentido em que tudo dentro dessa ilusão chamada vida física é "real") ou que definir as coisas em termos humanos como "boas" ou "más" não seja válido.

Na verdade, a nossa espécie se define por meio daquilo que chamamos de "mal" — e essas definições mudam à medida que evoluímos. No entanto, é de importância crítica entendermos que essas definições são *nossas* e que elas não foram estampadas com tinta indelével em determinadas ações ou condições por uma Deidade ou por um Diabo.

Apresentarei agora evidências dramáticas que comprovam essa verdade.

*

Em 28 de julho de 1999, num discurso semanal testemunhado por mais de 8.500 pessoas, o papa João Paulo II disse que um inferno físico, literal como lugar de fogo e tormento eterno *não existe.* O papa disse também que uma experiência infernal pode ser feita pela alma — não só após a morte, mas também nesta vida. Essa experiência, disse o pontífice, é a experiência da separação da comunhão com Deus.

Segundo uma transcrição oficial do Vaticano dessa palestra do papa, João Paulo II observou que as referências na Bíblia ao inferno e as imagens nela retratadas são apenas figurativas e simbólicas e representam "a frustração e o vazio completo da vida sem Deus".

Acrescentou: "Em vez de ser um local físico, o inferno é o estado daqueles que deliberada e definitivamente se separam de Deus, da fonte de toda vida e alegria."

O papa disse também que a antiga noção de um inferno de chamas e enxofre e as imagens assustadoras de alguns livros sagrados, de outras fontes e pinturas, também são apenas "simbólicas". Essas ilustrações, completou ele, não deveriam ser usadas para assustar as pessoas.

Para citar suas palavras de maneira mais específica: "A concepção do inferno e muito menos o emprego inadequado das imagens bíblicas não devem gerar ansiedade ou desespero."

O papa disse também que Deus não nos condena ao inferno. A perdição eterna, explicou, "não se atribui à iniciativa de Deus, pois em seu amor misericordioso ele só pode desejar a salvação dos seres que criou".

Ele não explicou por que Deus não consegue realizar seu "único desejo", mas disse que é o próprio ser humano que se recusa ao amor de Deus. E assim a perdição é, na verdade, um resultado das ações do próprio ser humano — o resultado da escolha livre de rejeitar Deus e seu perdão.

(Para aqueles que desejam conferir, a declaração do papa João Paulo II foi noticiada na edição de 4 de agosto de 1999 do *L'Osservatore Romano*, o jornal da Santa Sé.)

E agora, como ilustração dramática das semelhanças nas mensagens que estão sendo recebidas e compartilhadas por seres humanos e das quais já falei antes...

*

O comentário do papa apresentava uma semelhança surpreendente com as palavras do evangelista cristão Billy Graham, professadas numa entrevista concedida a uma grande revista anos atrás. Quando indagado sobre as chamas eternas do inferno, ele respondeu:

> A única coisa que posso afirmar com certeza é que o inferno significa separação de Deus. Estamos separa-

> dos de sua luz, de sua comunhão. Isso será o inferno [...]. No que diz respeito ao fogo literal, eu não o prego, pois não tenho certeza em relação a isso (Revista *Time*, 15 de novembro de 1993).

E... essas declarações do papa João Paulo II e de Billy Graham não só se parecem muito uma com a outra, mas se aproximam também muito das palavras encontradas no livro *Home with God in a Life That Never Ends* [Em casa com Deus em uma vida que nunca termina].

Aqui está um diálogo encontrado nesse livro, começando com as palavras atribuídas a Deus:

> Sejamos claros. O inferno não existe. Simplesmente não existe um lugar assim. Portanto, não existe um lugar assim para o qual você possa ir.
>
> Bem, você pode CRIAR um "inferno" pessoal para si mesmo se assim o quiser ou se acreditar que é isso o que "merece"? Sim. Você pode *se* mandar para o "inferno", e esse "inferno" será exatamente como você o imagina ou acha que ele precisa ser — mas não ficará nele nenhum minuto a mais do que quiser.

Quem iria querer ficar num lugar assim?

Você ficaria surpreso. Muitas pessoas vivem num sistema de crenças que diz que elas são pecadores e precisam ser punidas por suas "ofensas", e assim permanecem em sua ilusão do "inferno", acreditando que é o que elas merecem, que é isso que as espera, que isso é o que elas *precisam fazer*.

Isso, porém, não importará, pois elas não sofrerão. Simplesmente se observarão com distanciamento e verão o que está acontecendo — estarão como que assistindo a um vídeo instrucional.

O diálogo continua a dizer, então, que, no momento em que qualquer alma desejar sair desse inferno autoimposto, passará imediatamente para um lugar de amor incondicional, conhecimento absoluto e imersão e união completa com Deus.

Todas essas afirmações — do papa, de Billy Graham, de *Home with God* e de muitas outras fontes de sabedoria espiritual contemporânea, que também poderiam ser citadas aqui (mas que não serão por falta de tempo e de espaço) — contradizem aquilo que os autores da Bíblia disseram em tempos passados sobre a realidade de um mar de chamas que queima por toda a eternidade.

Antes, eu disse que, como *produto* da evolução, "hoje, não só uma, duas ou algumas poucas, mas milhões de pessoas no mundo inteiro estão ouvindo a mensagem original de Deus [...]. E hoje ela está alcançando a humanidade de forma mais universal e precisa do que em toda nossa história".

Eu disse também: "Não é por acaso que quase todas essas 'novas mensagens' contêm afirmações semelhantes, oferecem observações semelhantes, fornecem respostas semelhantes e descrevem realidades semelhantes."

A pergunta é: A raça humana tem evoluído o bastante para finalmente superar o nível das nossas primeiras histórias e declarações sobre um Espírito Mau e um Lugar de Fogo e Enxofre? Ou continuaremos a recusar o questionamento da Proposição Primordial?

*

Devemos repetir aqui que o afastamento da crença de que existe um Diabo não significa abandonar nossa noção segundo a qual algumas coisas são "boas" e outras, "más" de acordo com a definição atual da humanidade.

O truque consiste em não responder ao "mal" com o "mal", mas perceber que sua existência é um produto do campo contextual que existe apenas na esfera física e assim abençoar aqueles que cometem o "mal", mesmo quando tentamos transformar aquilo que eles fizeram.

"Que coisa é essa?", você pode se perguntar. "Nós devemos abençoar aqueles que praticam o mal?"

Sim. Cada mestre espiritual que já caminhou por este planeta compreendeu isso. É por isso que todos os líderes espirituais, cada um de seu jeito, enviam a mesma mensagem fundamental à toda humanidade: "Ame seu inimigo. Abençoe aquele que o amaldiçoa, faça o bem àquele que o odeia e reze por aquele que prejudica e persegue você."

Buda disse: "Mesmo que ladrões cortem membro após membro seu com uma serra dupla, se você tornar sua mente hostil, não está seguindo meus ensinamentos."

Esses ensinamentos alcançam a humanidade até os dias de hoje. O Dalai Lama declarou em pleno século XXI: "O ódio não cessará por meio do ódio, mas apenas por meio do amor. Essa é a lei antiga."

Podemos acreditar nas palavras dos nossos mestres espirituais? Se eles não quisessem que acreditássemos neles, por que, então, teriam dito essas coisas?

É possível que estivessem tentando nos dizer que, por meio da mais sublime expressão de amor, somos capazes de dissolver a dor e o poder de toda e qualquer coisa que não consideramos ser a expressão máxima de amor?

É possível que cada mestre espiritual tenha reconhecido que, durante toda a vida humana, fomos e estamos sendo convidados a ter a coragem de contradizer aquilo que a maioria das pessoas considera "certo" quando está sendo atacada?

Isso significa que não devemos reagir quando somos atacados? Não, não significa isso. Significa que a *maneira* como reagimos não precisa ser sempre o modo tradicional da autodefesa e do contra-ataque a fim de anular os efeitos do ataque.

Todo amor sempre anulará todos os efeitos negativos de todo ataque. Pode não alterar a aparência externa, mas alterará para sempre a experiência interior. Assim, muitas vezes, chega a alterar também a aparência externa.

Nelson Mandela ficou encarcerado durante vinte anos na África do Sul, mas se recusou a condenar seus carcereiros. Decidiu amá-los abertamente. O resultado: os guardas brigavam para serem designados à sua área. Pediam seus conselhos para problemas pessoais, e ele conversava pacientemente com eles em sua cela, oferecendo-lhes seus conselhos. Dizem que, no dia em que Mandela foi solto, os guardas choraram. Haviam perdido seu melhor amigo.

Ele entendeu num nível muito profundo que...

Todo amor sempre anulará todos os efeitos negativos de todo ataque.

*

Quando entendemos que temos o poder de neutralizar não só um ataque, mas também qualquer energia negativa em qualquer forma — desde pequenos aborrecimentos até às maiores calamidades do dia —, vemos que a negatividade em si é algo que produzimos subjetivamente, não algo que experimentamos objetivamente. Estamos criando-a, não a encontrando. Ela está em decisões internas, não em condições externas.

É essa nossa luta interna em torno dessa decisão interior em relação a qualquer evento, condição, situação ou circunstância externa que cada mestre espiritual, cada santo e cada sábio em todas as eras chamam de maior desafio da existência humana. Muitos muçulmanos se referem a essa luta interna como *jihad*.

Não existe um ser ou uma criatura chamada Satanás. Deus não criou um anjo e não assistiu à sua transformação em Diabo, para então permitir que ele atormentasse os seres humanos durante toda a nossa existência. Mas Deus deu aos seres humanos o poder de ver as coisas da forma como bem queriam.

Assim como Nelson Mandela, nós também podemos adotar qualquer perspectiva sobre qualquer aspecto da vida que desejamos. Nossa perspectiva criará então nossa percepção; nossa percepção criará nossa crença; nossa crença criará nossa conduta; nossa conduta criará nossa experiência; e nossa experiência criará nossa realidade.

A decisão de ver algo, qualquer coisa, como negativo é uma escolha que nós, e apenas nós, fazemos. Não existe "espírito mau" que tenha poder sobre nós.

Ou como dizia o personagem da história em quadrinhos *Pogo*, criado pelo desenhista Walt Kelly: "Encontramos o inimigo, e ele somos nós."

CAPÍTULO 15

Outro equívoco sobre Deus: *Deus determina o que é certo e o que é errado*

Já dissemos que, quando se trata de decidir o que é "bom" e o que é "mau", milhões de pessoas — na verdade, sociedades e culturas inteiras — se baseiam naquilo que, segundo elas, Deus anunciou, declarou, ordenou e exigiu.

O mesmo vale para as definições um pouco mais amplas e mais indefinidas do certo e do errado.

No fim, a maior parte da população do mundo acredita que Deus é a autoridade determinante quando se trata da conduta humana apropriada e inapropriada. Na verdade, as *leis cíveis* de muitos países e jurisdições se fundamentam nessa visão.

*

Agora vem o grande e se...

E se conceitos como certo e errado nem existirem na mente de Deus?
E se não existir esse tipo de demarcação ou definição na realidade última?

Isso faria diferença? Importaria? No esquema geral das coisas, isso teria algum impacto significativo sobre a nossa experiência neste mundo?

Sim. E sejamos claros: isso vai além das definições generalizadas do "bem" e do "mal". Isso diz respeito às tonalidades mais sutis dos pensamentos, das palavras e dos comportamentos humanos.

Bilhões de pessoas do mundo de repente perderiam sua orientação naquilo que criaram como um mar tempestuoso da experiência humana sem aquilo que elas acreditam ser diretrizes de Deus sobre o certo e o errado em muitas áreas delicadas. Sabemos o que é "bom" e "mau". Mas, por exemplo, apaixonar-se pela pessoa "errada" no momento "errado" é intrinsecamente "bom" ou "mau"? Enganar o governo na declaração de renda é "bom" ou "mau" se acreditarmos que o governo está usando seus impostos para coisas "más"?

Hoje, pessoas no mundo inteiro baseiam grande parte de sua conduta pessoal e também as decisões e atividades de seu clã, grupo ou tribo em pronunciamentos públicos de sua fé específica — não só na área dos movimentos motores brutos (matar, roubar etc.), mas também das manobras mais finas e mais sutis do corpo humano (a mentirinha inocente, o caso amoroso discreto que, supostamente, não prejudica ninguém etc.).

Para os judeus e muitos cristãos, esse pronunciamento público é representado pelos Dez Mandamentos. Para os muçulmanos, são os Cinco Pilares do Islamismo; para os budistas, o Nobre Caminho Óctuplo e os Cinco Preceitos; para os hindus, a

Doutrina Quádrupla do Fim da Vida. Para os praticantes do kemetismo (uma reconstrução da antiga religião egípcia), as Onze Leis. Membros da fé bahá'í obedecem ao Kitáb-i-Aqdas (o livro de leis de Bahá'u'lláh). Os sikhs têm o Reht Maryada.

E a lista continua.

Se, de repente, nos dissessem que Deus *não* tem leis — que os pronunciamentos e as revelações da Divindade não contêm mandamentos, exigências, regulamentações, regras, instruções, orientações, preceitos, princípios, critérios ou diretrizes comportamentais de qualquer tipo —, a maioria das teologias tradicionais (e grande parte da jurisprudência global) cairia num poço sem fundo.

Se os padrões da conduta humana não devem ser baseados nas exigências de nosso Criador (simplesmente pelo fato de nosso Criador não ter feito qualquer exigência), então nossa espécie precisará encontrar uma nova justificativa para classificar determinados atos, escolhas ou decisões como "certos" e outros como "errados".

Se descartarmos a questão moral, isto é, os valores que resultam da nossa compreensão das ordens ou dos desejos de Deus, surge a pergunta: qual deverá ser a regra de ouro para o comportamento da nossa espécie?

Uma coisa parece ser evidente em relação ao nosso padrão atual: a definição arbitrária de coisas e atos como "certos" e "errados", baseada em interpretações aparentemente particulares, muitas vezes variáveis e contraditórias da Lei de Deus, tem feito mais mal do que bem em muitos casos espalhados pelo mundo para que esse padrão possa ser considerado ainda sensato ou até mesmo útil dentro de uma sociedade iluminada.

Mais uma vez, lembro a condenação à morte em 2014 de uma pessoa por sua escolha religiosa, exposta aqui no capítulo 7 como ilustração infinitamente triste disso. No entanto, a busca e a criação de um novo padrão comportamental poderiam gerar uma grande revolta nas comunidades sociais e religiosas — o que é, sem dúvida, a razão pela qual nos agarramos aos padrões antigos.

Ninguém quer "balançar o barco". Nem mesmo quando o barco está afundando.

Ninguém quer questionar a proposição primordial.

A MENSAGEM DE DEUS PARA VOCÊ

Desde o início, Deus vem nos dizendo — e isso está se tornando cada vez mais claro — que **a antiga história cultural da humanidade sobre o certo e o errado** é simples e completamente errada.

Hoje, já podemos descartar esse antigo ensinamento da nossa história atual e parar de contá-la a nós mesmos e aos nossos filhos.

Na realidade última, não existe certo e errado. Esses conceitos são conceitos humanos baseados em um enorme equívoco sobre aquilo que Deus quer e em uma total falta de compreensão em relação ao sentido e ao propósito da vida.

A razão pela qual juízos sobre o certo e o errado não existem na mente de Deus é que os conceitos em si são baseados na condição ou na experiência de benefício e dano — que não existem na realidade última.

Nada pode beneficiar aquilo que é *a* fonte de todos os benefícios. Imaginar que algo possa beneficiar Deus é igual a imaginar que um centavo beneficie um bilionário.

Nada pode prejudicar aquilo que é a fonte de tudo. Imaginar que algo possa prejudicar Deus é como imaginar que uma história sobre um garoto que se machucou e depois se curou seja prejudicial ao autor dessa história.

Deus não pode ser beneficiado nem prejudicado. A ideia de algo ser certo ou errado não existe na mente de Deus.

Essa ideia deixará de existir na mente dos seres humanos quando eles vierem a entender que também não podem ser beneficiados ou prejudicados. Isso se deve ao fato de os seres humanos não estarem separados de Deus — verdade esta que analisaremos em detalhes quando explorarmos o último e maior equívoco sobre Deus no capítulo 23.

Por ora, pode ser útil lembrar-se disto:

Deus não pode ser beneficiado nem prejudicado. A ideia de algo ser certo ou errado não existe na mente de Deus.

*

É bem possível que os seres humanos experimentem a *ilusão* de benefício ou dano durante sua existência física na terra, mas isso é apenas o resultado de sua noção sobre aquilo que está acontecendo.

William Shakespeare expressou isso com outras palavras: "Não existem coisas boas ou más, mas o pensamento as transforma nisso."

Em outras palavras: isso tudo é uma invenção nossa. Nós definimos e decidimos o que é "bom" e "mau", "certo" e "errado", dependendo do nosso humor, da situação, do momento e do local.

Em Peoria, no Illinois, a prostituição é "errada". Em Amsterdã, nos Países Baixos, é considerada um negócio legítimo, licenciado e regulamentado pelo governo e uma fonte significativa de impostos.

Em 1914, uma união fora do casamento era considerada "errada". Em 2014, é considerada uma boa ideia antes de se aventurar no compromisso de longo prazo do casamento. É igualmente aceitável que pessoas idosas vivam com um companheiro sem as complicações legais de um matrimônio.

Nós inventamos as coisas à medida que avançamos, e também mudamos de ideia conforme avançamos — mas, em qualquer instante, nos emaranhamos no pensamento de que, neste momento *específico*, o que é certo, é certo; e o que é errado, é errado.

Deus nada tem a ver com essas demarcações. São inteiramente um produto dos conceitos humanos. Se Deus fosse definir o certo e o errado, essas definições permaneceriam constantes. O que vale para Peoria valeria também para Amsterdã. O que valia em 1914 valeria também em 2014. O certo e o errado não seriam determinados pelo mapa ou pelo calendário.

*

A pergunta à humanidade não é, então, se Deus declara algo como certo ou errado, mas o que leva o *ser humano* a fazê-lo.

A resposta observável é que os seres humanos já decidiram (mesmo que apenas poucos estejam dispostos a reconhecer isso) que julgarão cada um de seus atos e cada uma de suas escolhas como certas ou erradas, *com base na possibilidade de isso lhes ajudar a alcançar seus propósitos.*

Os seres humanos podem sancionar o assassinato intencional de uma pessoa pelo Estado, mesmo que esses mesmos seres humanos declarem ser errado matar alguém intencionalmente.

Os seres humanos podem aplaudir a história de Robin Hood, que rouba dos ricos para dar aos pobres, mesmo que declarem que roubar é errado.

Os seres humanos podem se convencer de que um encontro sexual com a esposa maltratada e ignorada de outro homem em nome do amor é romântico e compreensível, mesmo que a humanidade continue a declarar que o adultério é errado.

Como vemos, nada nas interações humanas é considerado certo ou errado em termos *absolutos*. Esses juízos sempre são feitos dentro de determinados *contextos*.

*

Essa é a verdade. Faríamos um grande serviço a nós mesmos se reconhecêssemos isso abertamente e então declarássemos firmemente que o nosso novo código de conduta humana deve se basear não na "moral" ou naquilo que arbitrariamente definimos como desejos e exigências de Deus, mas *naquilo que funciona e naquilo que não funciona, em vista daquilo que estamos tentando fazer.*

Se você estivesse tentando ganhar a corrida das 500 Milhas de Indianápolis, não seria "errado" dirigir a 280 km/h. Se estivesse a caminho do supermercado em sua vizinhança sem arriscar a vida de outros (e a sua própria), creio que você não pisaria tanto no acelerador. Simplesmente não funcionaria em vista daquilo que você estaria tentando fazer. Na verdade, não tenho dúvidas de que existem sinalizações de tráfego em sua vizinhança que proíbem tal comportamento.

No entanto, *o reconhecimento aberto e a utilização* de uma medida tão prática como padrão para a conduta humana se deparam com desafios e dificuldades. (Repito: é necessário deixar bem claro que nós já usamos esse padrão — na verdade, *faz parte das nossas leis* —, mas simplesmente não reconhecemos isso). A dificuldade é que a humanidade teria então de admitir a si mesma que nosso "padrão de conduta" já existe por toda parte, não sendo, portanto, um "padrão", pois nós, como coletividade, *não sabemos o que estamos tentando fazer.*

Exemplo: não é considerado certo "atirar primeiro e perguntar depois" — a não ser que você chame de ataque preventivo o uso de armas de destruição em massa para se defender contra as armas de destruição em massa de outro país que, como acabamos descobrindo, nem existiam. Ou o princípio do "stand your ground" [defenda sua posição], caso em que a noção de que você possa estar em perigo — mesmo quando alguém apenas joga pipoca em sua cara no cinema (onde, de acordo com as "regras", você nem deveria estar carregando uma arma) — basta na Flórida como justificativa para atirar e matar um homem.

Todo esse conceito do "certo" moral e do "errado" moral será explorado nitidamente mais adiante. Fique ligado nisso. Por ora, saiba que nossos padrões de comportamento estão por toda parte porque a maioria dos membros da nossa espécie se encontra em completa confusão sobre quem somos (nossa identidade verdadeira como seres conscientes) e sobre por que estamos aqui (a razão verdadeira da vida e o propósito da experiência individual e coletiva).

E *isso* se deve ao fato de a humanidade estar totalmente equivocada em relação à realidade, à função, ao propósito e à natureza de Deus.

CAPÍTULO 16

Outro equívoco sobre Deus: *Precisamos do perdão de Deus para entrar no céu*

Tendo usado o critério descrito no capítulo anterior como medida para decidir se uma ação ou escolha é certa ou errada, mas não querendo reconhecer que o usaram — e, pior ainda, não tendo qualquer ideia sobre o que estão tentando fazer durante seu tempo na terra —, muitos seres humanos estão preocupados com o tipo de julgamento que Deus fará deles à luz daquilo que acreditam ser uma longa lista de transgressões.

No entanto, bilhões de pessoas encontram consolo na garantia de muitas religiões de que Deus perdoará até mesmo as maiores ofensas. Um princípio notável da tradição judaica é o *teshuvá*: a capacidade de se arrepender e ser perdoado por Deus. A doutrina católica nos fala do sacramento da Confissão. Outras religiões também ensinam que Deus nos perdoará.

Sob determinadas condições.

A questão é: quais são essas condições... e como, é claro, satisfazê-las?

Os seres humanos têm se voltado para as religiões a fim de que estas lhes digam quais são essas condições; mas o que deixa isso um tanto complicado é que as condições parecem ser diferentes em cada religião. Portanto, tornou-se uma questão de extrema importância para bilhões de pessoas descobrir e pertencer à *religião certa.*

Um erro nesse ponto poderia ser monumentalmente infernal.

*

Agora vem o grande *e se...*

> *E se Deus jamais nos perdoar por qualquer coisa? E se Deus considerar todo o conceito de perdão desnecessário?*

Isso faria diferença? Importaria? No esquema geral das coisas, isso teria algum impacto significativo sobre a nossa experiência neste mundo?

Sim. É claro que sim. O perdão é uma das pedras angulares de todas as tradições de fé — e, portanto, o código moral da maior parte da sociedade. Se o perdão for retirado dos assuntos humanos (sem falar dos assuntos de Deus), como então esperar que os seres humanos se desenvolvam para além do ressentimento e da vingança?

A despeito da ênfase colocada pelas religiões no perdão como instrumento de cura e restauração, esse avanço evolucionário não tem se manifestado em grande escala. Na verdade, em alguns aspectos, nossa espécie parece ter *in*voluído, não evoluído. Hoje, ressentimento e vingança parecem estragar a experiência humana coletiva mais do que nunca. Na verdade, parecem dominá-la.

Dia após dia, semana após semana, mês após mês, as manchetes do mundo são ocupadas por histórias de guerra, revolta, intervenções governamentais violentas, crimes de ódio, massacres chocantes, fúria ciumenta, processos vingativos, política venenosa, separações dolorosas, crueldades inescrupulosas, explosões rancorosas e comportamentos amargurados.

Obviamente, o simples perdão não está conseguindo conter a onda. Precisamos de algo mais poderoso para impedir o uso crescente de violência como instrumento para a resolução de mágoas e para a contenção do apetite humano aparentemente insaciável por retribuição.

Mas como devemos conter nosso desejo de vingança e retribuição se estivermos cercados de religiões, cujos credos declaram: "Minha é a vingança, diz o Senhor..."? Devemos nos conter onde o próprio Deus não se contém?

A tendência da humanidade de guardar mágoas e buscar vingança mudaria se soubéssemos que Deus jamais nos perdoa por qualquer coisa, simplesmente porque Deus não vê *necessidade* para o perdão, e se alguém nos explicasse por quê?

Acho que a resposta a essa pergunta é óbvia.

A MENSAGEM DE DEUS PARA VOCÊ

Desde o início, Deus vem nos dizendo — e isso está se tornando cada vez mais claro — que **a antiga história cultural da humanidade sobre o perdão é simples e completamente errada**.

Hoje, já podemos descartar esse antigo ensinamento da nossa história atual e parar de contá-la a nós mesmos e aos nossos filhos.

Ao explorarmos o que tem sido revelado sobre isso, começaremos a ver como vários elementos apresentados anteriormente nessa narrativa criam uma sequência lógica que nos ajuda a compreender por que Deus enviaria ao mundo a mensagem de sete palavras encontradas na capa deste livro.

Observe atentamente como as peças desse quebra-cabeça — comentários e observações que você já leu anteriormente — se encaixam, criando um padrão que revela o fundamento de uma compreensão geral maior.

Somos convidados a observar como o perdão, apesar de ser um instrumento maravilhoso durante o tempo enquanto permanecemos em níveis de consciência normalmente experimentados, pode, na verdade, também ser *um obstáculo para o nosso desenvolvimento espiritual.*

Assim que desejamos superar os níveis de consciência normalmente experimentados e alcançar um lugar de consciência ou percepção *maior*, a ideia do "perdão" como instrumento de crescimento e cura desaparece quase imediatamente. A "compreensão" se torna o instrumento mais eficaz e poderoso.

Deus nos diz: "A compreensão substitui o perdão na mente do mestre."

A nossa alma sabe — e nos lembrou aqui — que cada um de nós é um aspecto e uma individuação da Divindade. Visto que isso é verdade, nossa alma não pode ser, nem jamais foi, ferida, danificada ou prejudicada. Então, nunca precisamos perdoar alguém por qualquer coisa, visto que cada experiência nada mais fez do que nos adiantar na jornada da evolução de nossa alma. Assim, cada experiência é motivo de gratidão e celebração.

E há outra razão pela qual o perdão é desnecessário.

Já que todos nós somos *colaboradores* na produção da nossa experiência externa, nenhum de nós pode ser vítima, no sentido espiritual, na história que estamos escrevendo coletivamente. No sentido humano, pode até parecer que somos vítimas,

mas ao passo que a nossa mente acatar a sabedoria da nossa alma, percebemos que não somos vítima da nossa crucificação particular, assim como Cristo não o foi da sua.

No momento em que aceitamos que somos, cada um de nós, expressões individuais do Divino, percebemos também que nada pode nos acontecer e que tudo precisa acontecer *por meio* de nós.

Vemos que o todo da nossa experiência na terra é criado pela nossa coletividade, num processo colaborativo que serve à agenda do todo por meio da expressão e da experiência de suas partes individuais.

Como Cristo, compreendemos por que tudo acontece na nossa vida, a partir da nossa compreensão plena de quem somos, onde estamos e por que estamos aqui, na terra, experimentando o mundo físico.

De repente, conhecemos a *razão* pela qual outros entraram em nossa vida de determinadas maneiras — que antigamente talvez jamais teríamos perdoado —, pois já não estamos mais "olhando através de um vidro escuro", porém observando com os olhos da alma. Reconhecemos, por fim, a lógica da alma e o propósito celestial na nossa criação coletiva de tudo que ocorreu, está ocorrendo e ocorrerá durante a nossa vida.

Para deixar isso bem claro: o tempo de nossa vida nos fornecerá as experiências, os eventos, as pessoas, as situações e as circunstâncias criadas idealmente de forma colaborativa *para* nós e *por* nós como caminhos para a realização própria.

No instante em que a mente acata o conhecimento da alma, reconhecemos com clareza surpreendente e chocante que tudo aquilo que aconteceu — toda e qualquer coisa — não aconteceu sempre com o nosso consentimento colaborativo consciente, mas sempre à nossa ordem espiritual mútua, para que coletivamente criássemos e encontrássemos as condições que nos permitissem anunciar e declarar, expressar e cumprir, experimentar e ser aquilo que realmente somos.

É nesses momentos que Deus "se faz carne e habita entre nós".

*

Existe até uma terceira razão pela qual o perdão não tem lugar na experiência daqueles que compreendem — uma razão à qual já aludimos.

Já perguntei e pergunto de novo: quando aquela doçura de criança derruba o leite ao tentar alcançar o bolo de chocolate, ou quando o irmão mais velho tenta "enganar" seu irmão mais novo para conseguir um pedaço maior do bolo, nós o sujeitamos a um castigo eterno? É claro que não. Compreendemos que crianças são exatamente isto: crianças, incapazes de compreender (ou até mesmo de controlar) plenamente as suas ações.

Repito, então, para que você não se esqueça: é assim que Deus compreende as nossas mentes, e é assim que todos nós somos convidados a compreender uns aos outros. Não só as crianças em nosso meio, mas todos os filhos de Deus, qualquer que seja a sua idade.

*

Muitas pessoas continuam insistindo que Deus não perdoa determinadas transgressões, e é com base nessa intransigência que justificamos a nossa própria. Mas será que Deus não é pelo menos tão compassivo e compreensivo conosco como somos com nossos filhos? E será que um Deus eterno, que existe há bilhões e bilhões de anos, não compreende que os seres humanos, com uma história que nem sequer chega a representar um segundo na vida do cosmo, são, de fato, filhos do universo?

É claro que, mesmo que exista a necessidade de uma justiça divina no céu (ponto em que muitas religiões insistem), Deus levaria isso em conta quando pedisse as nossas contas, você não acha? Até mesmo os tribunais jurídicos humanos declaram uma pessoa "inocente" por razões de responsabilidade limitada. Será que esse é um padrão alto demais para o nosso Deus?

Então, perguntamos em relação ao perdão: seria possível que tenhamos entendido Deus completamente errado?

E se for *verdade* que não há nada na primeira instância que nossa espécie "deva" fazer ou não, independentemente de sua "idade" no universo? E se for *verdade* que Deus é um ser todo-poderoso — na verdade, a *fonte* de todo poder — que não precisa e não exige qualquer coisa do ser humano? E se a última coisa que Deus precisa é buscar alguma forma de retribuição ou impor algum tipo de castigo?

E se Deus desejar apenas que sejamos totalmente felizes, plenamente realizados e abundantemente alegres na experiência da vida? E se Deus compreender que, dada a nossa imaturidade como espécie, ao longo do caminho nós faremos coisas que definiremos como erros, em alguns casos até como erros odiosos?

Ou, em termos mais simples: será possível que Deus é tão gentil e cuidadoso, tão compassivo e amoroso, tão generoso e compreensivo quanto nossos próprios avós?

Talvez faríamos bem se todos nós acatássemos isto como nossa verdade:

A compreensão substitui o perdão na mente do mestre.

*

A nova perspectiva espiritual da nossa espécie nos convida a perguntar: e se não formos filhos de um Deus inferior, mas, na verdade, filhos do Deus mais gracioso, mais maravilhoso, mais sábio, mais generoso e mais amoroso que podemos imaginar?

Essa é a verdade. Essa é a realidade última. Todo o resto é uma história que nós inventamos. O perdão de Deus não é necessário, porque Deus compreende perfeitamente cada um de nós — e cada um dos nossos comportamentos. E Deus vê cada um de nós e cada um de nossos comportamentos como manifestações e demonstrações do processo evolutivo da vida.

Não há nada a ser perdoado quando uma compreensão plena substitui uma percepção limitada do processo da própria evolução e quando essa compreensão surge do entendimento profundo de que a unidade de toda vida que evolve em todas as suas formas é a expressão última da Divindade.

CAPÍTULO 17

Outro equívoco sobre Deus: *Deus tem um plano para nós*

Grande parte do mundo acredita num Deus que tem um plano específico em mente para cada ser humano. Um Deus que teria dado a cada um de nós dons e características específicas, equipando cada um para a realização de determinadas missões, para a execução de funções especiais no decurso das nossas vidas.

Cabe a nós descobrir qual é esse plano e, então, realizá-lo da melhor forma possível. Ou, no melhor dos casos, "acompanhar o plano" à medida que ele se evidencia por meio dos eventos de nossos dias e noites.

*

Agora vem o grande *e se...*

> *E se Deus não tiver um plano específico para cada um de nós?*

E se Deus não tiver preferências em relação a como vivemos nossos vidas ou ao que fazemos — em sentido específico — com nossos dias desde o nascimento até a morte?

Isso faria diferença? Importaria? No esquema geral das coisas, isso teria algum impacto significativo sobre a nossa experiência neste mundo?

Sim. Primeiro isso nos aliviaria do fardo de ter de descobrir o que e como "devemos" fazer as coisas. Encerraríamos nossa busca e pararíamos de fazer aquilo que fomos construindo em nossa realidade durante nossa procura sagrada pela missão sagrada de Deus.

Então iniciaríamos, por fim, em plena consciência e sinceridade, a jornada que viemos realizar na terra. Essa jornada não é o "plano" de Deus, mas o desejo da alma. E isso sempre tem a ver com aquilo que estamos *sendo*, não com o que estamos *fazendo* em nossas vidas.

Se não acreditássemos que Deus tem uma agenda específica para cada um de nós, prestaríamos mais atenção naquilo que a vida tem a oferecer em termos de oportunidades de ser e não pensaríamos mais naquilo que Deus planeja em nosso nome (em termos de ser ou de fazer). E poderíamos parar de interpretar determinadas ocorrências, coincidências e confluências como "sinais de Deus" de que podemos avançar no "plano de Deus".

Além disso, se pensássemos que não existe uma coisa como um plano de Deus para nós, poderíamos largar muitas das nossas noções religiosas, todas as ideias de predestinação e cada ideia de que existe uma agenda oculta para nós na mente divina, que Deus simplesmente não está nos revelando de forma clara (por razões não evidentes).

Também poderíamos parar de matar uns aos outros porque acreditamos que seja o "plano de Deus" que uma nação de um "povo de Deus", que acredita em Deus e pratica a vontade de Deus de determinada maneira, exista na terra — mesmo que sua existência signifique matar milhares de pessoas.

A MENSAGEM DE DEUS PARA VOCÊ

Desde o início, Deus vem nos dizendo — e isso está se tornando cada vez mais claro — que **a antiga história cultural da humanidade sobre Deus ter um plano para nós** é simples e completamente errada.

Hoje, já podemos descartar esse antigo ensinamento da nossa história atual e parar de contá-la a nós mesmos e aos nossos filhos.

Se Deus tivesse um plano específico para cada ser humano na terra — ou para a raça humana como um todo —, o teria revelado muito tempo atrás.

Deus não teria motivo algum para não lhe dizer em palavras absolutamente claras, específicas e diretas qual seria o plano dele para você. Por que Deus elaboraria um plano de ação para que cada indivíduo na terra o revele?

E para aqueles que dizem: "Mas Deus nos *diz* qual é seu plano. Somos nós que não estão *prestando atenção*", isso é uma afirmação de que Deus está falando diretamente a cada ser humano e que não estamos ouvindo?

E há também perguntas maiores. Qual seria o sentido de Deus ter um plano específico para cada indivíduo no mundo? A que propósito divino isso serviria?

Deus não serviria a um propósito divino maior se simplesmente fornecesse o poder e o mecanismo pelo qual todos os seres conscientes pudessem decidir, declarar, expressar e experimentar *por si mesmos* o que desejam ser, em vez de lhes impor um plano estabelecido com antecedência?

A vida *serve* a um propósito divino. Mas um propósito não é um plano. Um propósito é a *razão* pela qual fazemos determinadas coisas. Um plano é uma definição das coisas que devemos fazer.

Essa experiência que todos nós estamos tendo na terra não é apenas uma casualidade, não é apenas o último de uma sequência de eventos biológicos iniciada há milhões de anos. Trata-se de mais do que a execução da vida física por nenhum outro motivo senão a continuação de um processo que começou sem o nosso envolvimento ou consentimento. E esse propósito é muito maior em seu escopo do que a realização de uma série de ocorrências planejadas com antecedência.

A agenda de Deus é que todas as formas de vida na esfera física expressem a Divindade. Cada alma, como uma individuação da Divindade, tem uma eternidade para fazer isso e um número infinito de maneiras de realizar isso.

A alma usa a vida na esfera física com determinação e intenção como meio para expressar e experimentar todos os aspectos da Divindade que possam ser experimentados. Esses aspectos são ilimitados, portanto, a própria vida precisaria ser infinita para que pudéssemos experimentá-los. E é exatamente isso que ela é.

Cada expressão física da vida infinita de uma alma lhe oferece uma oportunidade para escolher e expressar quaisquer aspectos de sua natureza divina. Assim, a alma ingressa em cada vida com um propósito, mas não com um plano. O propósito da alma pode ser a expressão e experiência de compaixão, por exemplo, ou de paciência e compreensão. Mas a alma não ingressa na vida física com uma decisão predestinada de fazê-lo tornando-se uma enfermeira ou escrevendo um livro sobre psicologia humana.

Repito e reforço: uma agenda é a intenção ou o motivo subjacente de uma pessoa ou de um grupo específico. Uma agenda tem a ver com propósito. É uma maneira específica de alcançar um propósito, de realizar sua intenção. Deus e a alma têm uma agenda, mas nem Deus nem a alma ditam ou planejam como determinada pessoa deve ou irá cumprir essa agenda.

Assim, não é o "plano de Deus" que determinada pessoa se envolva num acidente durante sua infância, ou que passe pela experiência do divórcio de seus pais, ou que se case três vezes, ou que não tenha filhos, ou que tenha quatro filhos, ou que sofra de leucemia, ou que se mude para o Nebraska, ou que se torne um pintor famoso, ou que encontre a pessoa certa no momento certo para avançar na carreira.

Não é o "plano de Deus" que determinada pessoa seja um pastor em vez de um jogador de futebol, ou que seja o líder dinâmico de um país em vez de um astro de música country.

Mas é a *agenda de Deus*, aplicada à esfera física pela alma, que essa alma experimente estados do Ser, cuja soma equivale a tudo que chamamos de Deus. Ou, como acabamos de dizer:

> *A agenda de Deus é que todas as formas de vida na esfera física expressem a Divindade. Cada alma, como uma individuação da Divindade, tem uma eternidade para fazer isso e um número infinito de maneiras de realizar isso.*

*

Quais são esses estados de ser que representam as muitas partes ou aspectos de Deus? Com essa agenda da alma, a vida nos convida a ser muitas coisas:

- Criativos, por exemplo. Ou compassivos.
- Compreensivos, por exemplo. Ou pacientes.
- Caridosos, por exemplo. Ou generosos.
- Amorosos, por exemplo. Ou curadores.

Todos esses são estados de ser. Eles, e muitos outros, podem ser experimentados em qualquer momento do agora eterno, individual ou simultaneamente.

Talvez você esteja pensando: "É *isso*? A vida se trata só disso? Eu estava esperando *fazer* algo. Algo que realmente *importasse*. Algo que *fizesse diferença*. Algo que contribuísse para a vida dos outros e para o mundo em geral. Algo que fizesse com que me sentisse realizado."

Mas é justamente disso que trata a agenda de expressar e experimentar estados de ser. Quando analisamos a vida de perto, percebemos que tudo que podemos fazer com a nossa vida nada mais é do que uma abordagem, um método, um processo, um *impulso* que nos leva a um estado de *ser*. Cada pensamento, cada palavra e cada ação cria o *ser*. Esse é seu único propósito. Como lemos em *Conversando com Deus*: cada ato é um ato de autodefinição.

Para descobrir que tipo de *ser* sua alma escolheu, basta prestar atenção naquilo que lhe traz a maior alegria. Qual o impulso que você sente? Que sentimento o empolga mais do que qualquer outro?

Se você realmente internalizar isso, toda sua vida mudará. E o próximo passo para esse tipo de realização é a consciência de que aquilo que você esperava *ser* fazendo algo específico de maneira específica você pode *ser* de muitas maneiras diferentes.

E isso se torna a maior liberdade da vida. A liberdade de não ter de viver como se determinado modo específico de *fazer* fosse exigido de sua vida para que você pudesse *ser* o que sua alma deseja *ser*.

O horizonte se abre. Cabe a você escolher seu caminho. Pois você pode *ser* o que escolheu *ser* fazendo qualquer coisa — ou não fazendo qualquer coisa. Você também pode *mudar* o que deseja ser, simplesmente mudando de ideia. E, ao seguir o caminho que lhe trouxer a maior alegria, você pode finalmente *criar* uma vida em vez de apenas a *ganhar*.

*

É verdade que, às vezes, as coisas se encaixam tão perfeitamente em nossa vida que somos tentados a exclamar: "É o plano de Deus!" É possível também que as coisas *não* funcionem da forma que esperávamos ou imaginávamos, e então dizemos: "Deus tem outros planos para mim."

Essas figuras de linguagem nos revelam a profundidade com que a noção segundo a qual Deus tem planos específicos para cada um de nós está arraigada em nossa cultura. No entanto, seria benéfico não permitir que essas figuras de linguagem nos levem a conclusões concretas sobre "como as coisas são". Caso contrário, realmente corremos perigo de gastar grande parte do nosso tempo "tentando descobrir como descobrir o plano de Deus para a nossa vida".

Prestaremos atenção em cada nuança, cada energia, cada evento e tentaremos descobrir se sentimos que é isso que Deus tem em mente para nós, quando, na verdade, Deus não tem nada em mente para nós. Não no sentido de querer que sejamos "açougueiro, padeiro ou produtor de velas". Apenas no sentido de querer que usemos a vida para experimentar os aspectos mais sublimes e mais maravilhosos daquilo que de fato somos e de como desejamos ser.

Na verdade, o propósito da vida em *toda parte* e em *toda forma* é expressar a Divindade — e a realidade física é o veículo por meio do qual Deus experimenta a si mesmo como tudo aquilo que ele é.

Deus faz isso por meio de sua própria diferenciação, dando então às suas partes múltiplas e magníficas um lugar para expressar a vida de forma variada — mas sem instruções, orientações, exigências ou planos específicos para cada expressão individual.

*

As formas de vida no cosmo têm recebido vários níveis de percepção, ou aquilo que poderíamos chamar de autoconsciência. Essa capacidade inata de *conhecer-se* como individuação da Divindade está presente em todos os seres conscientes e é experimentado de forma cada vez mais intensa por meio do processo de evolução.

A evolução em direção à experiência e demonstração plena de quem somos é a jornada em que cada alma se encontra, e a conclusão dessa jornada é alcançada no exato momento em que a nossa noção mais sublime da Divindade é expressada.

O processo da vida (ao contrário do "plano") é que todos nós simplesmente *façamos* isso, da maneira que escolhemos livre e espontaneamente dentro das possibilidades que se oferecem a nós pela criação colaborativa de todas as almas cocriadoras.

A conclusão da jornada da alma não é, portanto, algo que experimentamos apenas uma vez, mas muitas e muitas vezes ao longo da manifestação contínua da vida — agora e eternamente.

Para muitas pessoas, pode haver algo que aparenta ser o outro lado da moeda. Os seres humanos se sentem mais à vontade quando orientados. Eles gostam de receber instruções, direções, quando alguém lhes diz o que *devem* fazer. Essa é a sua tendência como espécie emergente. Como uma criança, o ser humano se sente seguro quando lhe são impostos limites claros e quando recebe ordens específicas. Assim, tudo que precisa fazer é *satisfazer as exigências*. Isso explica a popularidade imensa das religiões. Isso permite ao ser humano obedecer ao seu profundo impulso interior em direção ao Divino *sem ter de descobrir como fazê-lo*.

Por isso, algumas pessoas ficam decepcionadas quando descobrem que Deus não tem um plano para nós, que não tem instruções a nos dar, que não existem diretrizes a seguir ou ordens a cumprir. Entender que a agenda de Deus é que *nós mesmos decidamos* quem desejamos ser e como desejamos demonstrar isso, que não gastemos nossa vida tentando descobrir *como* descobrir o que Deus planejou para nós, pode ser libertador e assustador ao mesmo tempo.

Mas Deus é como um professor num curso de artes. Os melhores professores de arte não dizem aos futuros artistas: "Aqui está sua tela. Aproveite esta hora para criar. Ah, mas veja se usa marrom e faça uma grande mancha alaranjada no canto direito superior. Também quero que você crie um efeito tridimensional, e pinte algumas crianças no primeiro plano. E não se esqueça de pintar um telefone em algum lugar."

O professor sabe que o propósito da educação não é inserir algo *no* estudante, mas tirar algo *do* estudante. Não é instruir, mas extrair. E assim o professor oferece ao estudante todas as ferramentas — lápis, carvão, pincéis, tintas a óleo, aquarelas e corantes — de que precisa para trabalhar sobre qualquer superfície e então diz, sorrindo: "Crie com alegria!"

"Mas e se eu não acertar?", indaga o aluno tímido.

"Não há como não 'acertar'", responde o professor. "*Isso é arte!*"

CAPÍTULO 18

Outro equívoco sobre Deus: *Deus honra o autossacrifício, o sofrimento (preferivelmente em silêncio) e o martírio*

Existe uma ideia sobre Deus, compartilhada por muitas, muitas pessoas no mundo, de que ele se agrada quando seres humanos fazem um sacrifício pessoal — e quanto maior o sacrifício, maior o seu agrado.

Dizem-nos que isso acontece porque "colocamos outros em primeiro lugar", mesmo em situações de grandes perdas pessoais, emocionais, físicas ou financeiras.

Além disso, dizem que Deus recompensa o sofrimento, principalmente quando sofremos em silêncio. Queixar-se de alguma circunstância ou condição mancha e diminui o valor adquirido por meio do sofrimento em si. Assim, a fim de adquirir o melhor valor possível no céu, mantenha seu sofrimento em segredo. Essa tem sido a mensagem básica.

Na minha infância, quando caíamos ou nos machucávamos, as freiras da escola da nossa paróquia nos instruíam a "oferecer a dor a Deus".

Diziam-nos que todas as formas de martírio representavam o modo mais sublime do sofrimento, em troca do qual receberíamos a garantia de um lugar no céu. E o martírio em nome de *Deus* era a forma mais sublime de todas, garantindo-nos a maior das recompensas: a santidade.

Não sou o único que tem recebido essas mensagens. Elas têm sobrevivido principalmente (mas não exclusivamente) na tradição cristã.

*

Agora vem o grande *e se...*

> *E se Deus não oferecer uma recompensa especial no céu por qualquer tipo de comportamento — e se, na verdade, ele quiser que saibamos que sofrimento e autossacrifício não precisam fazer parte da experiência humana?*

Isso faria diferença? Importaria? No esquema geral das coisas, isso teria algum impacto significativo sobre a nossa experiência neste mundo?

Sim, é claro. Bilhões de pessoas no planeta inteiro deixariam de ver o sacrifício próprio e o sofrimento como qualificações para as mais altas honras no céu.

Essa mudança na compreensão eliminaria uma quantia enorme de tristeza e perda humana, produzida por comportamentos induzidos e gerados por pessoas que acreditam que estão agradando a Deus quando desagradam a si mesmas.

Além disso, a invalidação do "martírio em nome de Deus" como "passagem automática" para o céu significaria que pôr um fim à própria vida com a finalidade de matar números enormes de pessoas inocentes perderia suas *credenciais* espirituais e impossibilitaria que instrutores de terroristas prometessem aos jovens homens-bombas que serão recompensados com a alegria eterna e com 72 virgens de olhos negros no paraíso se eles saírem e se explodirem em lugares públicos.

A maior transformação que ocorreria se os seres humanos soubessem que o autossacrifício, o sofrimento e o martírio não só não lhes rendessem uma recompensa especial de Deus, mas que o próprio Deus diz que nada disso precisa fazer parte da experiência humana, é que as pessoas começariam a perguntar: "Por que, então, isso é tão normal?"

A resposta a essa pergunta é tão grande que, se ela fosse compartilhada e vivida amplamente, ela transformaria a vida da nossa espécie para sempre.

A MENSAGEM DE DEUS PARA VOCÊ

Desde o início, Deus vem nos dizendo — e isso está se tornando cada vez mais claro — que **a antiga história cultural da humanidade sobre o Deus que concede honras maiores à alma pelo sacrifício próprio, pelo sofrimento e pelo martírio é simples e completamente errada**.

Hoje, já podemos descartar esse antigo ensinamento da nossa história atual e parar de contá-la a nós mesmos e aos nossos filhos.

O autossacrifício nunca é necessário, o sofrimento não precisa fazer parte da vida humana e o martírio "em nome de Deus" não garante um lugar especial ou as mais altas honras no paraíso.

Aquilo que chamamos de "autossacrifício" é o resultado de uma avaliação feita por um ser humano segundo a qual algo que ele escolheu fazer resultará em algum tipo de perda ou sofrimento.

Aquilo que chamamos de "sofrimento" é o resultado direto de uma avaliação feita por um ser humano segundo a qual ele estaria experimentando algo que não deveria experimentar.

Aquilo que chamamos de "martírio" é o resultado de uma avaliação feita por um ser humano segundo a qual algo que ele está fazendo e que está causando um enorme dano a si próprio (talvez até mesmo a morte) agrada a Deus *por causa disso* e resultará em recompensas no céu em medida proporcional ao prejuízo experimentado na terra.

Todas essas avaliações são incorretas.

Se analisarmos esses conceitos um por um, veremos que dentro do nosso entendimento humano pode ser perfeitamente normal acreditar que, quando fazemos algo por outra pessoa em circunstâncias altamente inconvenientes e especialmente de grande perda emocional, física ou financeira, estamos "nos sacrificando por outra pessoa". No entanto, essa convicção mental é imprecisa e egoísta.

Sim, não se trata de autossacrifício, mas sim de *egoísmo*.

A verdade é que ninguém faz algo que não queira fazer. Às vezes, porém, tiramos uma vantagem de fazer exatamente o que queremos fazer e depois convencemos a nós mesmos (e aos outros) de que "não tivemos escolha" ou que o fizemos "ao custo de grandes sacrifícios pessoais". Assim, podemos nos sentir satisfeitos e vitimados ao mesmo tempo.

Tudo que os seres humanos fazem, eles o fazem deliberadamente por escolha própria, por vontade própria. É verdade que algumas pessoas sentem que certas coisas *precisam* ser feitas ou que de fato não *têm* escolha quando estão sob pressão, e, dentro do contexto da compreensão extremamente limitada da humanidade, essa visão pode ser compreensível. Mas a verdade é que até mesmo "pressão" é apenas uma palavra sofisticada para expressar "uma situação em que me vejo confrontado com uma condição que não desejo conscientemente ou com um resultado que procuro evitar — por minhas próprias e muito boas razões."

Mas, quando você circunda conscientemente uma condição que não deseja, está servindo a si mesmo. E, quando você procura evitar algo por razões próprias muito boas, está novamente servindo a si mesmo quando o evita. Isso não significa que suas razões não sejam *boas*, significa apenas que a bondade de suas razões não as torna menos egoístas. Na verdade, o que ocorre é justamente o contrário.

(Quanto melhor for sua razão para fazer ou não fazer algo, mais egoísta ela é, obviamente.)

Fomos treinados a pensar que qualquer coisa que seja egoísta é "ruim", de forma que preferimos dizer que "não tivemos escolha" do que dizer que realmente tínhamos uma escolha e que fizemos essa escolha específica porque era a que nos parecia ser a melhor, e assim, ela *serviu* a nós mesmos.

Até mesmo a decisão de fazer algo por outra pessoa ao custo de grandes perdas ou dificuldades pessoais pertence a essa categoria, ou — eu posso lhe garantir — aquilo não seria feito. Existe alguma *razão* pela qual uma pessoa toma a decisão de fazer algo extraordinário por outra, mesmo que isso lhe custe caro.

Talvez a razão seja que isso a faz se sentir bem. Talvez porque isso lhe permite se experimentar como o tipo de pessoa que deseja ser. Talvez porque isso lhe permite se sentir fiel a um princípio da vida ao qual se comprometeu ou a uma obrigação que realmente acredita ter ou a uma promessa que fez.

Todas essas razões e muitas outras que poderíamos imaginar servem ao interesse último do eu. *E não há nada de errado com isso*. O que não é benéfico é se servir e então se convencer (e aos outros) de que não foi isso que você fez.

*

Vemos então que o autossacrifício verdadeiro não é possível, mas o autossacrifício *falso* o é, dentro da estrutura limitada da compreensão humana. No entanto, nossa consciência maior — a consciência da alma — nos diz exatamente por que fazemos tudo... e a razão *sempre* serve aos propósitos do agente; é, portanto, sempre egoísta. E *deveria ser*. É assim que *deve ser*. Pois o propósito da vida em si é permitir que nós "apareçamos" em cada momento como a versão mais maravilhosa da visão mais maravilhosa que tivemos sobre quem somos.

Quando reconhecemos isso, eliminamos a possibilidade de nutrir raiva ou mágoa em relação a qualquer outra pessoa sobre qualquer coisa que possamos ter feito, estar fazendo ou acreditamos "ter de fazer" contra ela.

Não podemos mais nos sentir vitimados por outra pessoa, nem mesmo por nossas próprias escolhas. Antes somos convidados a reivindicar nosso lugar como ser consciente e poderoso que somos, reconhecendo claramente as opções e os possíveis resultados que se oferecem a nós em qualquer momento determinado e escolhendo aquela opção que reconhecemos como a que melhor nos serve.

O que talvez estejamos ignorando aqui — um conhecimento que poderia mudar tudo para nós se o víssemos claramente — é que um serviço prestado a si mesmo é um serviço prestado ao todo. Talvez seja necessário um nível mais profundo de pensamento para que todos os membros de uma espécie entendam isso, mas em algum momento todos os membros de todas as espécies entendem isso. Em algum momento, em algum ponto específico do desenvolvimento evolutivo de uma espécie, torna-se absolutamente claro que:

Um serviço prestado a si mesmo é um serviço prestado ao todo.

Existem muitas razões pelas quais isso é verdade, como ficará claro antes de concluirmos este livro.

*

A lente da compreensão da humanidade está fosca em nossos melhores momentos e totalmente obscurecida em nossos piores momentos, por causa da extrema falta de idade da nossa espécie (para rever esse conceito, volte ao capítulo 11). Nossa imaturidade é revelada e demonstrada quando, ao enfrentarmos dor física ou emocional severa, achamos que "isso não deveria estar acontecendo" e que essa ocorrência representa, de alguma forma, uma "violação" do contrato humano.

Uma inversão dessa avaliação pode eliminar o "sofrimento" da experiência humana. Mesmo que essa mudança de pensamento não elimine a dor, ela a transforma em algo que pode ser encarado com um nível mais alto de aceitação pacífica e certamente com muito menos objeção ou oposição.

É a objeção ou a oposição que cria a frágil rigidez que produz o sofrimento — e o prolonga. Pois, como lemos em *Conversando com Deus*, aquilo ao que você resiste persiste, e aquilo que você encara desaparece. Ou seja, aquilo perde sua forma ilusória.

Um exemplo clássico disso é uma mulher durante o parto. Ela está sentindo dores, mas, se ela parar de se opor a dor, pode reduzir — e, muitas vezes, eliminar completamente — o "sofrimento". Ela pode assim até mesmo *reduzir a própria dor*.

Existem pessoas que entendem isso muito bem e que veem a dor como parte natural do processo de parto. Não só do parto de um bebê, mas também a emergência de um novo e maior aspecto do Eu.

Nas crianças, costumamos chamar isso de "dor de crescimento". O mesmo se aplica aos adultos.

Tudo bem, alguém possa admitir, mas essas "dores de crescimento" realmente precisam continuar durante toda a vida? Jamais existe um alívio dessa experiência contínua e já tão conhecida? Será que a jornada humana precisa ser essa corrida incessante por vales minúsculos de alegria até a próxima montanha de dor física ou emocional?

Não. Não precisa ser assim. Vales minúsculos de alegria podem se transformar em planícies amplas de felicidade. As escalas da vida não precisam pender fortemente em direção ao desconforto físico ou emocional — e, mesmo se certa dor física for crônica, o abandono ou a proibição da felicidade não é um companheiro necessário dessa condição.

Muitas pessoas que sofrem dor física crônica conseguem encontrar alegria e felicidade como circunstância prevalecente em suas vidas. Pessoas que lidam com dores emocionais contínuas também descobriram que existem métodos eficazes para amenizar e aliviar essa condição e que elas não são obrigadas a abrir mão do prazer e da alegria em suas vidas.

*

É maravilhoso observar o quanto uma postura não combativa, não opositora em relação à dor pode começar a imunizar uma pessoa contra seus piores ataques. A decisão subjetiva e interior de uma pessoa afeta a sua experiência objetiva e exterior. Não existe um psicólogo no mundo que discorde disso.

A metafísica vai um passo além. Ela diz que a postura interior de uma pessoa diante de um evento pode, na verdade, *transformar o próprio evento*. Em outras palavras: uma atitude positiva pode transformar completamente a própria ocorrência, *mesmo no momento em que ocorre*.

Como isso é possível?

Isso é possível porque tudo na vida é energia. E *energia afeta energia*. É um fenômeno que exerce um impacto sobre si mesmo. A ciência observa isso na física quântica, que postula, como já observamos anteriormente, que *todo objeto é afetado pelo observador*.

Isso não é bruxaria, é ciência pura.

Portanto, ressaltemos mais uma fez essa declaração surpreendente, para que você sinta todo o seu impacto:

> *A decisão subjetiva e interior de uma pessoa afeta a sua experiência objetiva e exterior.*

É nesse contexto que afirmamos que o sofrimento não precisa fazer parte da condição humana. Deus não só não o recompensa, Deus até promete que ele nem é necessário.

Também devemos deixar claro que afetar nossa própria felicidade de forma irreversível — sem falar em pôr um fim à própria vida — por meio de um ato chamado "martírio em nome de Deus" não é algo pelo qual Deus oferece uma recompensa especial. O ato de tirar a vida de outros juntamente com a própria como essência desse "martírio" também não é nem jamais será recompensado com honras especiais ou com um tratamento especial no paraíso.

Pessoas que acreditam que, matando a si mesmas num ato de terrorismo que mata outros, receberão um "salário" único, distinto e exclusivo no além descobrirão que esse salário não será seu.

Diferentemente daquilo que acontece na terra, todos são tratados como iguais no céu. Ninguém é elevado acima ou colocado abaixo de outros, não importa o que tenham feito ou não durante sua vida física. E os milagres da vida no além não são méritos que possam ser conquistados.

Para dizer isso de forma bem simples: o céu não é uma meritocracia. As alegrias da esfera espiritual, tanto quanto as alegrias da esfera física, são dons da própria vida, todas elas criadas e concedidas livremente por Deus.

*

A doutrina de um Deus que concede recompensas no céu baseadas na qualidade e no conteúdo do nosso "desempenho" na terra reduz todo o magnífico processo da vida a um mecanismo monótono de uma meritocracia mundana.

Além disso, esse dogma confunde o conceito da reencarnação, pois, se esse status especial no céu fosse uma "recompensa" por uma conduta exemplar na terra, teria de ser reconsiderado e reavaliado após cada encarnação, suscitando, assim, a pergunta quase boba: nosso status sobe ou desce de acordo com os "sucessos" ou "fracassos" de nossa encarnação mais recente?

Não.

O céu não é uma meritocracia.

Está na hora de nos livrarmos da noção de um Deus que admira, honra e recompensa o autossacrifício mais do que o autosserviço; o sofrimento, mais do que uma alegria vitalícia; e o martírio, mais do que a felicidade.

Vivemos tempo demais com o nosso conceito infantil de um Deus que teria dito que até mesmo música e dança são "ruins", que sexo sem a intenção de procriar é animal, que a celebração própria gloriosa vale menos do que a autonegação contínua e que a recusa das maiores alegrias dessa nossa vida tão curta na terra é aquilo que nos garante os maiores prazeres da vida eterna no paraíso.

Vivemos tempo demais com a nossa ideia infantil de um Deus que estabelece “regras” para a conduta humana, que ditam o que devemos comer, o que devemos vestir, o que devemos dizer, em que devemos crer. Esses conceitos teológicos enfadonhos e pueris nada têm a ver com a realidade última.

Ou como um observador disse secamente: “Já chega de Jonas e a baleia.”

CAPÍTULO 19

Outro equívoco sobre Deus: *Às vezes Deus responde às nossas orações; outras vezes, não*

Grande parte do mundo acredita em um Deus que ouve as nossas orações e que, às vezes, nos dá o que pedimos; e outras vezes, não.

Essa concepção sobre a Deidade alega que Deus tem *razões* para conceder ou negar os nossos desejos em determinada ocasião.

Às vezes (dizem), o que desejamos para nós mesmos não é o que Deus sabe ser "bom para nós", por isso não o recebemos.

Às vezes (dizem), pecamos tanto que Deus não nos considera "merecedores" de uma oração respondida.

Às vezes (nos dizem), Deus nos dá tudo que pedimos e mais — supostamente porque é bom para nós e nós *somos* merecedores.

*

Agora vem o grande *e se...*

> *E se Deus não atender nem negar as orações de qualquer pessoa?*
> *E se um evento ou uma condição desejada se manifestar em nossa vida por uma razão completamente diferente?*

Isso faria diferença? Importaria? No esquema geral das coisas, isso teria algum impacto significativo sobre a nossa experiência neste mundo?

Sim. Na verdade, ofereceria uma oportunidade para um grande avanço na história humana. Enfim poderíamos compreender, como espécie global, o processo da criação e a alquimia do universo (um método aparentemente mágico de transformação ou criação).

Se acreditássemos que existe outra razão para que um resultado específico e não outro se manifeste na nossa vida — uma razão que *nada* tem a ver com nosso mérito ou com o mérito do nosso pedido —, isso poria um fim ao nosso impulso aparentemente infinito e muitas vezes inescrupuloso de agradar a Deus para que ele responda às nossas orações. Iniciaria também um esforço mundial de descobrir qual é a razão verdadeira.

Por que eventos ou condições desejadas se manifestam em nossas vidas se não for o "humor" de Deus que determina se nossos desejos são realizados? O que faz com que sonhos se tornem realidade? E por que motivo eles às vezes não se concretizam?

Se os seres humanos parassem de pensar que Deus atende ou nega as orações de uma pessoa e, em vez disso, acreditassem que Deus simplesmente instituiu um *processo* de manifestação que não depende do "bom agrado" de Deus ou de nossos pedidos serem "bons para nós", muitos seres humanos, sem dúvida alguma, deixariam de orar.

Por que se dar ao trabalho, eles pensariam, se pedir a Deus o que desejamos não é uma maneira de obter o resultado desejado? E, então, isso seria uma segunda razão para aposentar a teologia da súplica, substituindo-a pela teologia da aplicação — *aplicando* o poder de Deus em nossas vidas, e não *suplicando* para que ele se aplique em nossas vidas.

Se um grande número dos membros de nossa espécie decidisse que Deus não atende nem nega orações pessoalmente, mas que ele já nos deu todos os mecanismos pelos quais todos nossos desejos podem se manifestar, as religiões seriam dramaticamente afetadas. Algumas talvez até desapareceriam. E aquelas que sobrevivessem, teriam de alterar suas missões de forma significativa. Ainda se apresentariam como caminhos para a paz, a alegria e o paraíso, mas providenciariam o conhecimento para *gerar* essas experiências e não mais para *pedi-las*. (O segundo é um pedido; o primeiro, uma requisição. Há uma diferença enorme entre os dois.)

Mas, se orações de súplica desaparecessem, precisaríamos de algo para substituí-las como instrumento para gerar resultados desejados em meio aos desafios do dia a dia da vida na terra. E algo *realmente* apareceria.

A verdade.

A MENSAGEM DE DEUS PARA VOCÊ

Desde o início, Deus vem nos dizendo — e isso está se tornando cada vez mais claro — que **a antiga história cultural da humanidade sobre um Deus que atende ou nega pessoalmente as orações de seres humanos individuais é simples e completamente errada.**

Hoje, já podemos descartar esse antigo ensinamento da nossa história atual e parar de contá-la a nós mesmos e aos nossos filhos.

No entanto, o papel de Deus em nossas vidas não precisa ser reduzido. Na verdade, ele *aumentaria*. Mas por que se dar ao trabalho de aumentar o papel de Deus em nossas vidas, se ele não diz "sim" ou "não" às nossas orações?

Porque é o *poder* de Deus, e não a *disposição* de Deus, que produz as manifestações dos desejos de um ser humano.

Essa sentença é importante o suficiente para ser destacada:

É o poder de Deus, e não a disposição de Deus, que produz as manifestações dos desejos de um ser humano.

Isso significa que não importa se estamos ou não nas graças de Deus ou se Deus acredita que conceder um pedido específico seja "bom" para nós a fim de produzir determinado resultado de nossas orações. Não é o humor de Deus, mas o amor de Deus que produz as circunstâncias maravilhosas para que *todas as nossas orações sejam respondidas o tempo todo.*

O problema não é que Deus, às vezes, diz sim às nossas orações, e às vezes, não. O problema é que nós não sabemos o que é "oração".

Se alguém tivesse nos dito em nossa infância o que oração é, já teríamos descoberto que *todas* as nossas orações são respondidas o tempo todo.

Oração é aplicação, não é súplica... e a maioria de nós acredita que seja o contrário.

Oração nada mais é do que a energia de Deus *focada*. Evidentemente, se você não acredita em Deus, é possível que encontre uma dificuldade psicológica maior de focar a energia de Deus. É por isso que sugerimos que faça de Deus uma parte maior de sua vida, mesmo se você diminuir a oração no velho estilo da súplica.

A energia de Deus não é disponibilizada apenas em determinadas circunstâncias (como quando Deus concorda com nossas orações ou quando "caímos nas graças de Deus"). A energia de Deus vive *em* nós, *como* nós e se manifesta *por meio* de nós a cada hora de cada dia, e não importa se temos consciência disso ou até mesmo se queremos isso ou não.

Não temos escolha, pois a energia de Deus — que é o poder por trás da criação — não pode ser ligada e desligada. Ela está *sempre* ligada, todo tempo. É, na verdade, quem somos.

Somos, cada um de nós, uma manifestação da energia de Deus, e a forma *como* usamos a energia que *somos* determina como experimentamos a vida que vivemos.

Começaremos a ver como tudo isso funciona se continuarmos a repetir e refletir sobre esta declaração: a vida em si nada mais é do que energia, que vibra em frequências específicas e variadas. Uma energia que vibra em determinadas frequências produz manifestações físicas na forma de objetos, situações, circunstâncias e eventos. Isso acontece porque energia atrai energia. Energia exerce um impacto sobre energia. Duas energias geram uma terceira energia. E assim vai, ao longo de toda a vida.

Lembre-se sempre:

> *Somos uma manifestação da energia de Deus, e a forma como usamos a energia que somos determina como experimentamos a vida que vivemos.*

*

Deixe-me citar aqui o que expliquei numa passagem do livro *Happier Than God* [Mais feliz do que Deus]. O aspecto da energia que atrai responde não só àquilo que desejamos, mas também aquilo que tememos. Não só àquilo que desejamos atrair para nós, mas também aquilo que desejamos afastar de nós.

Não só àquilo que escolhemos de forma consciente, mas também àquilo que selecionamos de forma inconsciente.

"Selecionar" entre aquilo que meu amigo Deepak Chopra chama de "o Campo de Infinitas Possibilidades" é um procedimento delicado. É uma questão daquilo em que nós focamos, *querendo ou não, conscientemente ou não.*

Por exemplo, se sua mente estiver focada em dobrar sua renda ao longo deste ano, mas, se, mais tarde, você pensar que isso será praticamente impossível, se você disser a si mesmo: "Ah, cara, seja prático! Escolha uma meta que pelo menos você consiga *alcançar*", você acaba de escolher essa segunda ideia, *e não importa se ela tenha sido seu pensamento original,* porque o interruptor de sua energia está sempre LIGADO; a criação pessoal está sempre em obras.

Isso não funciona apenas com seu último pensamento, mas também com aquele ao qual você dedica a maior frequência, o maior foco e a maior energia emocional.

Isso explica por que algumas pessoas que tentam usar a chamada lei da atração ou formas tradicionais de oração para conseguir algo que desesperadamente desejam, muitas vezes, acabam fracassando. Então dizem: "Viu? Essa coisa não funciona!"

Na verdade, o processo funciona perfeitamente. Se você deseja algo desesperadamente e se repetir a si mesmo o tempo todo "Eu quero isso!", está anunciando ao universo que, no momento, isso é algo que lhe falta.

(A não ser que esteja usando a palavra "quero" apenas como figura de linguagem. Isso não se aplica à maioria das pessoas. Quando muitas pessoas dizem "querer" algo, deixam bem claro que o querem porque não o têm agora.)

Enquanto você se agarrar a esse pensamento, não *pode* tê-lo, porque não pode experimentar de um lado o que você confirma não ter de outro.

Um exemplo: a afirmação "Eu quero mais dinheiro" pode não atrair dinheiro, mas pode, na verdade, até afastá-lo. Isso, porque o universo conhece apenas uma resposta: "Sim."

Ele responde à sua *energia*. Dá atenção sobretudo àquilo *que você está sentindo.*

Se você repetir o tempo todo "Eu quero mais dinheiro!", Deus dirá: "Sim, você quer!" Se você pensar: "Eu quero mais amor em minha vida!", Deus dirá: "Sim, você quer!"

O universo "sente sua energia" relacionada ao dinheiro ou amor — ou, na verdade, a qualquer outra coisa — e, se você estiver sentindo uma falta, é a isso que o universo reagirá. E ele *produzirá mais disso.* O universo é uma grande copiadora. Ela multiplica o que você coloca nela.

Estamos falando sobre *poder* aqui. Estamos falando sobre o poder da oração. Mas uma oração é mais do que um simples pedido. Oração é cada pensamento, palavra e ato. Na verdade, pedir algo é o caminho mais fraco para consegui-lo, porque pedir algo é uma afirmação de que *você não tem aquilo agora.*

Em outras palavras: sua energia tem o poder de um ímã. Lembre-se de que até mesmo o sentimento (na verdade, *sobretudo* o sentimento) é energia, e, quando se trata de energia, o igual atrai o igual.

A ideia é passar para a aplicação do poder de Deus, não para uma súplica a Deus para que ele use esse poder. O convite de Deus é que utilizemos o poder confirmador da oração. Como? Como funciona isso? Bem, aqui está um exemplo: "Obrigado, Deus, por me mandar o parceiro perfeito." Outro exemplo: "Todo dinheiro que preciso está vindo para mim neste momento." E esta é a minha oração preferida: "Obrigado, Deus, por ajudar-me a entender que esse problema já foi resolvido para mim."

Esse deslocamento da súplica para a aplicação pode ser milagroso. Não se trata de afirmações. Mas de *confirmações.* A diferença é enorme. Uma afirmação procura produzir um resultado ou uma experiência. Uma confirmação anuncia que o resultado já foi produzido.

*

No dia em que eu estava escrevendo este capítulo, recebi o seguinte e-mail em resposta a um artigo que eu havia publicado sobre o tema: "Querido Neal, estou achando difícil acreditar que Deus/minha alma seja tão literal em relação aos 'desejos'. Deus/minha alma já não sabe o que estou realmente querendo? Deus te abençoe. Gerry."

Eu respondi:

> Querido Gerry... Não se trata de Deus ou sua alma ser tão "literal" em relação ao "desejo". Trata-se de como o mecanismo da criação *funciona.*
>
> Estamos falando aqui sobre um *mecanismo*, não sobre um Ser no céu que interpreta suas palavras ao pé da letra ou não. Trata-se de uma *máquina* que se alimenta do combustível que colocamos nela. Trata-se de uma copiadora, e ela não tem preferências em relação àquilo que ela multiplica. Ela tampouco tenta *interpretar* aquilo que seu dono pretende multiplicar. Ela simplesmente multiplica a energia que você coloca nela. Nesse sentido, ela se parece com um computador. Se você a alimentar com lixo, ela produzirá lixo.
>
> Um dos grandes equívocos dos seres humanos sobre Deus é que ele tem uma preferência em relação a como cada um de nós experimenta a vida. Deus nos ama, sim, com certeza, mas ele não tem qualquer preferência desse tipo — da mesma forma como você tam-

bém não se importa se seus filhos decidem brincar de pique-esconde ou pique-pega no seu jardim. Você quer apenas que eles saibam que você está por perto caso precisarem de você. O mesmo se aplica a Deus.

Existem sete bilhões de seres conscientes neste planeta — e este é um de setenta trilhões de bilhões de planetas no cosmo. Para viabilizar essa vida extremamente expansiva, Deus instituiu um aparelho espetacular, e seu funcionamento nada tem a ver com a preferência pessoal de uma Deidade. Tem a ver com o gênio de Deidade.

O gênio do sistema é que ele é energia pura, que reage à energia reproduzindo em forma física aquilo que todos os seres conscientes inserem nele na forma de pensamentos, palavras e ações — que, por sua vez, se baseiam naquilo que os seres humanos chamam de "sentimentos"... que, por sua vez, são simplesmente outras formas de energia.

Você entende isso?

Deus não responde a algumas orações e ignora outras. Deus responde a todas as orações, enviando à coletividade a energia que multiplica aquilo que a coletividade está pensando/dizendo/fazendo/sentindo. Deus faz isso também, numa base individual, com cada fonte de energia. (Ou seja, com cada ser humano e com cada criatura ciente do universo.)

Isso não é maravilhoso? Sim. Isso é o resultado da preferência pessoal de Deus em relação àquilo que se manifesta a cada momento no cosmo? Não.

*

Quando usamos a energia de Deus, a palavra "eu" é a chave de ignição da criação. Aquilo que segue à palavra "eu" gira a chave e liga o motor da manifestação.

Assim, quando "parece que" a criação pessoal não está funcionando, isso se deve apenas ao fato de que a energia primordial lhe deu aquilo que você *selecionou inadvertidamente*, no lugar daquilo que você pensou ter escolhido.

Se a energia não estivesse sempre LIGADA, se o processo não estivesse sempre em operação, você poderia ter um único pensamento positivo em relação a qualquer coisa, e o resultado se manifestaria sem falha em sua realidade. Mas o processo funciona o tempo todo, não apenas em alguns momentos, e ele se alimenta daquilo que você sente em seu íntimo com a maior consistência. Assim, um único pensamento positivo num turbilhão de ideias e projeção não tão positivas assim não deverá produzir o resultado desejado.

O truque é permanecer positivo num mar de negatividades. O truque é saber que o processo funciona mesmo quando *aparenta* não estar funcionando. O truque é "não julgar pelas aparências". O truque é permanecer numa postura de gratidão por cada resultado e experiência, por cada circunstância e situação.

Gratidão elimina negatividade, decepção, ressentimento e raiva. E, quando essas emoções desaparecem, abre-se um espaço para que a energia de amor por Deus, pela vida e por você mesmo reapareça — agora mais do que nunca.

Que Deus nós temos! Que Divindade é essa que criou um processo tão magnífico, milagroso e à prova de erros, que permite a cada um de nós anunciar e declarar, expressar e cumprir, experimentar e se tornar aquilo que realmente somos.

CAPÍTULO 20

Outro equívoco sobre Deus: *Deus está do nosso lado*

Uma das ideias mais comuns sobre Deus é que ele está do nosso lado. Deus *nos* concede favores, porque estamos no favor *de Deus.*

Temos dito a nós mesmos que, quando vamos à guerra, Deus está do nosso lado. Quando matamos milhares de pessoas em atos de terrorismo, Deus está do nosso lado. Quando nos esforçamos para fazer da nossa religião a religião dominante na face da terra, Deus está do nosso lado. Quando criamos um novo país, Deus está do nosso lado. Quando tentamos destruir um país antigo, Deus está do nosso lado. Quando lançamos uma revolução social, política ou econômica, Deus está do nosso lado.

E, principalmente, quando tentamos nos defender, Deus está do nosso lado — razão pela qual todo ataque é chamado de defesa. Você já percebeu isso? Ninguém jamais diz que está atacando alguém. Todos os ataques são chamados de defensivos e, assim, são justificados.

*

Deus também está do nosso lado em questões positivas. Temos nos convencido de que, quando somos bem-sucedidos numa campanha eleitoral, isso se deve ao fato de Deus estar do nosso lado. Conseguimos um contrato milionário porque Deus está do nosso lado. Chegamos ao casamento em tempo, a despeito do enorme engarrafamento, porque Deus está do nosso lado.

Espere, as coisas ficam ainda mais banais. Fazemos o gol decisivo na Copa do Mundo, porque Deus está do nosso lado. Vencemos o jogo, porque Deus está do nosso lado.

Corremos pelo campo com o indicador erguido, apontando para o céu, para que todos *saibam* que Deus é responsável por essa conquista. Nós nos ajoelhamos e fazemos o sinal da cruz após defender uma bola impossível para deixar claro que louvamos e agradecemos a Deus pelo sucesso.

Deus se importa com quem vence o jogo.

Essa é a mensagem. Em voz alta e clara.

Deus se importa.

Deus se importa se você estava impedido ou não. Deus se importa se você faz um gol ou se recebe o cartão vermelho. Deus se importa se você recebe a maioria dos votos ou não. Deus está do nosso lado, não do outro. Se Deus estivesse do *outro* lado, o outro lado venceria. Se Deus estivesse do lado de todos, acabaríamos empatados. Todo jogo acabaria num empate. Nenhum esforço conseguiria mudar esse equilíbrio.

Felizmente, não é essa a realidade. Deus quer que *seu* lado vença a guerra. Deus quer que *sua* ideia lhe renda milhares de dólares. Deus quer que *seu* estacionamento esteja o esperando na cidade.

Sim, a mensagem é clara. E todos nós a repetimos sem reconhecer qualquer contradição. *Deus está do nosso lado.*

*

Agora vem o grande *e se...*

E se Deus não estiver do "lado" de ninguém?
E se Deus não se importar com quem "vence", com quem "perde", com quem "está certo", com quem "está errado", com quem "tem sucesso", com quem "fracassa" ou com quem faz ou não faz qualquer coisa?

Isso faria diferença? Importaria? No esquema geral das coisas, isso teria algum impacto significativo sobre a nossa experiência neste mundo?

Sim, é óbvio que sim. Neste momento, bilhões de pessoas têm *certeza* de que Deus está do seu lado — e não existe pensamento mais perigoso do que este.

Essa ideia provocou mais ações que causaram mais miséria para mais pessoas do que qualquer outra ideia. A maioria ignora a arrogância espiritual dessa ideia. Essas pessoas parecem querer passar por cima da conclusão óbvia de que, se Deus estiver do seu lado, então, Deus não pode estar do outro lado.

Isso pressupõe Deus como alguém que escolhe vencedores e perdedores, que postula que algumas ideias são dignas, e outras, indignas; que considera algumas decisões justas, e outras, injustas; que considera alguns países bons, e outros, maus; que designa algumas religiões como corretas, e outras, como erradas; que chama algumas pessoas de salvas, e outras, de condenadas; e que nutre todo tipo de preferências e prioridades, tendências e parcialidades.

E, é claro, se Deus está do nosso lado, então todas as preferências e prioridades, tendências e parcialidades de Deus concordam com as nossas.

A MENSAGEM DE DEUS PARA VOCÊ

Desde o início, Deus vem nos dizendo — e isso está se tornando cada vez mais claro — que **a antiga história cultural da huma-**

nidade sobre Deus estar do nosso lado é simples e completamente errada.

Hoje, já podemos descartar esse antigo ensinamento da nossa história atual e parar de contá-la a nós mesmos e aos nossos filhos.

É importante saber que Deus não foi criado à imagem e semelhança do homem. É o contrário. O homem foi criado à imagem e semelhança de Deus.

Seria maravilhoso se isto fosse publicado em outdoors no mundo inteiro:

Deus não foi criado à imagem e semelhança do homem.
É o contrário.

Isso significa que os seres humanos são divinos e que cada um deles possui as qualidades da Divindade. O que isso *não* significa é que Deus tem qualidades humanas. Deus, portanto, não gosta mais de um time do que de outro. E Deus não quer que seu país vença a Copa do Mundo mais do que quer que qualquer país a vença.

Deus não está torcendo para que sua nação seja vitoriosa numa guerra e que a outra nação perca. Deus não apoia os revolucionários do mundo mais do que apoia os governos. E Deus não se alinha mais com os valores do Partido Republicano do que com os valores do Partido Democrático.

Está na hora de abrirmos mão da nossa necessidade de acreditar em um Deus das preferências. Primeiro, tivemos de abrir mão do Deus de uma denominação específica, agora precisamos acrescentar a essa lista o nosso Deus das preferências.

Acabando com algumas ideias fundamentais acatadas por muitas pessoas, chegou a hora de aceitar o fato de que Deus não acredita que mulheres jamais devem ser sacerdotisas ou membros do clero, que homossexuais jamais devem ter o direito de casar ou que não cristãos jamais devem entrar no céu.

Por mais difícil que isso seja para algumas pessoas, Deus não prefere — e repetimos isso aqui enfaticamente — batistas a hindus, católicos a judeus, muçulmanos a mórmons, ou qualquer religião a uma outra. Deus não prefere aqueles que acreditam em Deus àqueles que não acreditam em Deus.

Essas ideias não são de Deus. São de seres humanos que *acham* que estas sejam as ideias de Deus.

Já dissemos isso antes e o dizemos mais uma vez: Deus não é um ser humano ampliado do sexo masculino. Deus é a inteligência suprema e a energia primordial subjacente ao universo... uma inteligência e energia sem identidade específica.

É realmente concebível que Deus teria uma cor ou um número favorito, um time ou um jogador favorito, uma nação ou uma religião favorita, um sexo ou uma raça favorita?

Você acha mesmo que Deus defende posturas políticas específicas, ou visões econômicas ou sociais, ou convicções espirituais? Caso sua resposta seja positiva: *qual delas* ele prefere?

Espere. Não precisamos fazer essa pergunta. As pessoas que defendem determinadas posturas e visões lhe dirão quais: as suas próprias, é claro.

Bem... enquanto isso destrói toda a narrativa das pessoas e dos partidos políticos, das nações e religiões que insistem que eles são os únicos defensores de valores morais e a última linha de defesa da retidão espiritual na terra, é importante que a humanidade compreenda a natureza verdadeira da divindade e os aspectos verdadeiros da realidade última.

*

Nada do que dissemos significa que a *vida* seja contra nós. Deus não está do nosso lado no sentido de favorecer você mais do que uma outra pessoa, mas a *vida* está sempre disposta a nos dar aquilo que fervorosa e profundamente acreditamos receber.

A vida procede de suas intenções para ela. Temos ouvido: "Você viverá aquilo que acredita", e isso é verdade. *Convicção* é uma energia forte e muito poderosa. No entanto, isso não se deve ao fato de "Deus estar do nosso lado"; isso se deve ao fato de Deus ter nos dado um mecanismo que nos permite manipular e afetar a energia primária que é toda a vida.

A vida afeta a vida por meio do processo da própria vida. A essência essencial é uma energia que exerce um impacto sobre si mesma.

Aquele que aprende a usar essa energia de forma positiva por meio do pensamento, da palavra e da ação está no caminho da mestria da vida.

Mas nunca "ore" ou use o poder do pensamento, da palavra ou da ação para conseguir algo em detrimento de outra pessoa. Lembre-se sempre: existe apenas um de nós.

Se, portanto, você quiser algo para si mesmo em detrimento de outra pessoa, você "ganha" com a mão direita e "perde" com a esquerda. E mesmo se parecer que você "ganhou" num caso, você experimentará a "perda" no próximo.

Quando, em qualquer tipo de situação, seus desejos se alinham com os desejos de outro, numa oração, por exemplo, ou se você alimentar esse pensamento, o resultado produzido será o *melhor para todos os envolvidos.*

Isso é verdadeira mestria espiritual, pois ela nada pede e exige; antes, considera todo resultado e toda experiência perfeitos. Nessa consciência, encontramos liberdade e paz.

CAPÍTULO 21

Outro equívoco sobre Deus: *Deus nos recompensará ou punirá no dia do Juízo Final*

Vemos mais uma vez como os equívocos sobre Deus se entrelaçam: um emerge do outro e gera um terceiro. É por isso que você encontra tantas repetições neste texto. Não se trata de uma repetição como extensão, mas, sim, da extensão de uma sequência lógica.

A noção de que Deus nos recompensará ou punirá no dia do Juízo Final faz parte da sequência lógica, que começa com a ideia de que devemos temer a Deus, que continua com a doutrina de um Deus em pé de guerra com o Diabo, que expande com a noção segundo a qual nós precisamos do perdão de Deus para entrar no céu e que, por fim, chega à interseção descrita neste capítulo, em que Deus nos recompensará ou punirá no dia do Juízo Final.

Muitas religiões, baseando-se em todos os equívocos anteriores, nos falam desse dia do Juízo Final: um tempo em que

Deus nos recompensará ou punirá, baseado em "como nos comportamos" durante a nossa vida.

Por mais desafiador que isso possa ser para muitas pessoas, essa noção é particularmente onerosa para pessoas que acreditam ter apenas uma vida para "acertar", e então se veem cercadas de cem pessoas diferentes que lhes oferecem cem maneiras diferentes de conseguir isso.

*

Agora vem o grande *e se...*

> *E se Deus jamais nos julgar, e se não existir algo como uma recompensa eterna no céu ou uma punição eterna no inferno?*

Isso faria diferença? Importaria? No esquema geral das coisas, isso teria algum impacto significativo sobre a nossa experiência neste mundo?

Sim, certamente. Entre outras coisas, isso anularia a motivação para inúmeras decisões, grandes e pequenas, tomadas por inúmeras pessoas em inúmeros momentos de inúmeras vidas.

A maioria da população do mundo faz a maioria de suas escolhas com base no desejo de "fazer o que é certo" e, portanto, "o que é certo aos olhos de Deus", para, assim, ir diretamente para o céu quando a vida na terra terminar.

Até mesmo as pessoas que fizeram coisas que a maioria dos seres humanos considera "erradas" convenceram-se a si mesmas de que fizeram o "certo" por ser "o que Deus queria" e que isso, portanto, lhes renderá um lugar no paraíso.

Sofrer uma morte longa e dolorosa é um exemplo disso. Outro exemplo é fazer *outros* sofrerem uma morte longa e dolorosa. Um terceiro exemplo é negar-se alguns dos prazeres mais simples da vida. Negar esses prazeres *a outros* é um quarto exemplo. E a lista continua.

E continua.

E continua.

Além do mais, se os seres humanos acreditassem que Deus não os julgaria por qualquer coisa em qualquer momento, eles perderiam, como já observamos, o fundamento espiritual e a autoridade moral para julgar outros.

Por fim, como também já observamos, a humanidade teria de encontrar outro padrão para definir o que ela julga ser um comportamento aceitável ou inaceitável dos membros de sua espécie.

Resumindo: um Deus que não julga anularia a essência de todo o sistema de valores da humanidade e a obrigaria a encontrar *uma razão completamente diferente* para recompensar determinadas condutas e castigar outras. Civilizações verdadeiramente avançadas eliminariam todo e qualquer castigo de seus sistemas sociais.

As consequências substituiriam as punições em sociedades que parassem de encorajar determinadas condutas e de desencorajar outras por meio de medidas punitivas.

A MENSAGEM DE DEUS PARA VOCÊ

Desde o início, Deus vem nos dizendo — e isso está se tornando cada vez mais claro — que **a antiga história cultural da humanidade sobre um Deus que nos recompensa com a vida eterna no céu ou com um castigo eterno no inferno** é simples e completamente errada.

Hoje, já podemos descartar esse antigo ensinamento da nossa história atual e parar de contá-la a nós mesmos e aos nossos filhos.

Vivemos num universo de causa e efeito, não num universo de recompensa e castigo.

Deus não mantém uma lista de todos os erros de todas as pessoas em todos os lugares de todos os planetas ao longo de todas as eras, para então somar os pontos e, por fim, se a nota de uma pessoa ficar abaixo de determinada média, lançar as almas no inferno assim que se despedirem desta vida.

Não é assim que funciona.

Como já explicamos aqui várias vezes, não existe "inferno" no qual Deus poderia lançar as pessoas, e Deus não teria motivo para fazê-lo, mesmo se esse inferno existisse.

Deus, a fonte de inteligência suprema e ilimitada e de amor infinito e incondicional, está simplesmente testemunhando o avanço do processo da evolução em todos os trilhões de sistemas planetários do cosmo, dando a seres inteligentes em toda parte os mesmos mecanismos, as mesmas ferramentas, os mesmos instrumentos e poderes de criação e, então, dando a todas essas formas de vida o livre-arbítrio de decidir como elas, tanto individual quanto coletivamente, desejam usar sua capacidade divina de manifestar a sua experiência.

Sem dúvida alguma, existem um sistema e um processo no universo que facilitam, capacitam e regem com sofisticação suprema e perfeição absoluta todo o funcionamento da vida física. Poderíamos chamar isso simplesmente de a Lei, ou até mesmo de Lei de Deus, no mesmo sentido em que usamos a expressão "a lei da gravidade". A Lei é simplesmente *como as coisas funcionam*. É o processo pelo qual a energia pura é — qual é a palavra que devemos usar aqui? — manipulada... a fim de produzir manifestações específicas na esfera física, como discutimos no final do capítulo anterior. Essa Lei fornece à alma a oportunidade de criar expressões específicas, trazendo assim para a totalidade do ser (isto é, corpo, mente e alma) experiências específicas. Ou melhor, experiências de sua identidade verdadeira. Ou seja, experiências de divindade.

A Lei pode ser usada para produzir não só as experiências mais sublimes do ser, mas também o que, segundo o julgamento de alguns seres conscientes, tem sido chamado de experiências mais baixas.

Anteriormente já dissemos que a energia está sempre ligada, e, assim, ela é às vezes usada para gerar resultados indesejados. Para ajudar o ser humano a entender isso, usemos aqui o exemplo da energia atômica. Trata-se de uma ilustração que costuma ser muito usada.

A energia atômica não é "boa" nem "má", assim como também não possui uma preferência ou um desejo inerente em relação à maneira com que seja usada. Ela simplesmente é. Ela existe num estado de absoluta neutralidade e pode ser usada de qualquer forma que o ser consciente que a manipule pretenda usá-la.

A energia em si não "castiga" seu usuário com base na forma em que é manipulada. O usuário experimenta os *resultados* de acordo com seu *uso*, e *estes* são a *consequência* — que não é nem "castigo" nem "recompensa".

As coisas são simples assim.

As coisas são elegante e engenhosamente simples assim.

*

Não há nada de complicado no processo de criação. Na verdade, é muito simples. Ouça sua alma. Crie sua lista de desejos com base no desejo mais íntimo de sua alma. Invoque seus desejos e receba com gratidão a perfeição que se manifesta a cada momento.

É nisso que você encontra a paz verdadeira. É a paz da qual ouvimos falar e a qual nos foi prometida. É a paz que supera todo entendimento.

O compositor norte-americano Leonard Bernstein capturou a essência desse processo maravilhosamente simples de criação pessoal, concedida a todos os seres conscientes por um Deus maravilhosamente simples, quando escreveu as letras da primeira canção de sua extraordinária peça de teatro *Missa*...

Cante a Deus um cântico simples, *lauda laude*
Invente-o enquanto canta, *lauda laude*
Cante como gosta de cantar, Deus ama todas as coisas simples.
Pois Deus é o mais simples de todos.
Pois Deus é o mais simples de todos.

CAPÍTULO 22

Outro equívoco sobre Deus: *Deus quer que nós voltemos para o céu*

A maioria das histórias que nos contam sobre Deus diz que o maior desejo dele é que cada alma volte para o céu. Como já observamos, em 1999, o papa João Paulo II disse que não é Deus que nos expulsa do paraíso, "pois em seu amor misericordioso ele só pode desejar a salvação dos seres que criou".

Declarações como essa, dos líderes espirituais mais visíveis do mundo, induzem na humanidade um sentimento profundo de que Deus quer que todos nós voltemos e nos reunamos com ele, que todos nós experimentemos a maravilha e a perfeição, a beleza e a glória do paraíso, em eterna alegria para todo o sempre. E todos nós podemos ter essa perspectiva, basta que *obedeçamos às regras.*

*

Agora vem o grande *e se...*

> *E se Deus não quiser que retornemos para o céu? E se existe outra maneira de entender a vida — outra agenda para a vida — que nada tem a ver com um retorno para o céu?*

Isso faria diferença? Importaria? No esquema geral das coisas, isso teria algum impacto significativo sobre a nossa experiência neste mundo?

Sim, pelo amor dos céus, *sim*. Isso mudaria tudo! Se a compreensão da humanidade do propósito da vida estiver errada, então os bilhões de pessoas que acreditam em Deus e no céu não fazem ideia do que estão fazendo aqui.

Infelizmente, ambas as afirmações se aplicam a um número enorme de pessoas. A compreensão da humanidade acerca do propósito da vida está errada, e nós, como seres humanos, não fazemos ideia do que estamos fazendo aqui. Isso vale, certamente, para a maioria dos seres humanos.

Ouso dizer: para a maioria *esmagadora*.

Quando discutimos se é Deus quem define as coisas como "certas" ou "erradas", observamos que a dificuldade de criar um novo padrão para a conduta humana baseado em "o que funciona e o que não funciona em vista daquilo que os seres humanos estão tentando fazer" consiste no fato de que a humanidade não querer admitir, pelo menos como coletividade, que *estamos profundamente incertos sobre aquilo que estamos tentando fazer*.

Essa é a razão pela qual tão pouco daquilo que *estamos* fazendo está funcionando.

*

Iniciamos toda essa exploração com uma lista de fatos inegáveis que provam que os sistemas políticos e econômicos e todos os outros sistemas que criamos neste planeta não estão produzindo os resultados para os quais foram criados. Pior ainda, observamos que nosso sistema *espiritual* — que deveria ter resolvido todo o *resto* disso — *aumentou* os nossos problemas.

E por que essa última afirmação é verdadeira? Por causa daquilo que acreditamos ter que fazer para sermos "salvos".

Nossa história nos mostra que, em nosso zelo religioso, *matamos uns aos outros tentando salvar uns aos outros.*

O elemento triste disso tudo é que tantos de nós nem percebem como isso é triste.

Acreditamos ao longo de todos os séculos (incluindo o dia de ontem) que estávamos *fazendo a obra de Deus.*

Durante os trezentos anos das Cruzadas, durante as quais milhares de pessoas perderam suas cabeças porque se recusaram a professar sua fé em Cristo, as pessoas acreditavam estar *fazendo a obra de Deus.*

Durante todos os séculos ao longo dos quais os muçulmanos têm tentado conquistar e subordinar países inteiros, matando pessoas por todos os lados a fim de criar um califado ou uma nação islâmica, as pessoas acreditavam estar *fazendo a obra de Deus.*

Durante as lutas entre protestantes e católicos na Irlanda, durante as lutas entre sunitas e xiitas no Iraque, as pessoas acreditam que estão *defendendo a fé e lutando por Deus.*

Em conflitos que abrangem tudo, desde protestos sociais e lutas por direitos civis até guerras (como a luta atual entre a maioria budista e os tâmiles hindus no subcontinente indiano, para citar mais um exemplo), as pessoas acreditam estar *lutando para defender seu modo de vida e suas crenças.*

Tudo isso levou William E. Swing, bispo aposentado da Igreja Episcopal da Califórnia, a perguntar em 2000, quando fundou a Iniciativa das Religiões Unidas: "Em nome de Deus, podemos parar de matar em nome de Deus?"

*

Sejamos justos: a maioria de nós não está envolvida nesse tipo de atividades. A maioria da população do mundo entende que isso não pode ser o caminho que nos leva de volta para um Deus amoroso.

Assim... bilhões de nós sabem o que *não* fazer, mas bilhões de nós não sabem *o que* fazer.

Acreditamos que Deus queira que voltemos para o céu e faremos de tudo para ajudar a realizar esse desejo de Deus... estamos dispostos até a negar-nos prazer, a não comer determinados alimentos, a obrigar-nos a vestir determinadas roupas, a proibir-nos de ouvir determinadas músicas (e, em alguns casos, qualquer tipo de música), a proibir-nos de dançar, a exigir que deixemos crescer a barba e a abster-nos de qualquer tipo de atividade sexual.

Eu não estou inventando isso.

Muitos de nós dizem a si mesmos que esse é o caminho para a glória celestial.

Para muitos, a dificuldade tem sido encontrar uma maneira de *harmonizar* as condutas necessárias para chegar ao céu com as condutas necessárias para sobreviver na terra.

Uma coisa tem qualquer coisa a ver com a outra? Falamos rapidamente sobre isso em nossa análise acerca de precisarmos adorar a Deus de determinada forma.

Devemos ir à Santa Missa todos os domingos e em cada Dia Santo de Guarda, como o fazem os católicos?

Devemos responder quando o *muezzin* proclama o *adhan* do alto da mesquita cinco vezes ao dia, como o fazem os muçulmanos convocados para a adoração (*salat*) obrigatória (*fard*)?

Devemos nos prostrar nos quatro pontos do *Amidah*: no início e no final da primeira benção de *Avot* e da segunda à última benção de *Hoda'ah*, nas palavras iniciais do *Avot* e na conclusão dessas duas bênçãos, como exige a tradição judaica?

E quanto aos Dez Mandamentos e aos Cinco Pilares do Islã? E quanto ao Nobre Caminho Óctuplo do budismo e à Doutrina Quádrupla do Final da Vida na tradição hindu?

Devemos obedecer às Onze Leis Divinas do kemeticismo? Ou ao Kitáb-i-Aqdas, o livro das leis de Bahá'u'lláh? E devemos aderir ou simplesmente ignorar o Rhet Maryada do sikhismo?

"Pelo amor de Deus!", exclamamos confusos, "como podemos voltar para ti? Se é isso que tu queres, por que não nos dizes *como fazê-lo* numa declaração simples e clara?"

*

Essas são as perguntas que a humanidade vem fazendo há séculos.

Não, há *milênios*.

Mesmo assim, após milhares de anos, as pessoas que habitaram este planeta não conseguiram, em nenhum minuto de toda a sua história documentada, concordar em relação às respostas que Deus deu às suas perguntas. Até hoje, avançamos em direções diferentes, e lutamos uns com os outros sobre qual seria o caminho certo a fim de alcançar o propósito de retornar para o céu.

Seria possível que isso se deve ao fato de isso não ser o que devemos estar fazendo? Seria possível que aquilo que afirmamos estar fazendo na terra nada tem a ver com aquilo que de fato viemos fazer aqui?

Seria possível que *existe* algo que não compreendemos completamente sobre Deus, compreensão esta que mudaria tudo?

Eu acredito que a resposta seja sim.

Eu acredito que a resposta seja *obviamente* sim.

É *evidente* que existe algo que não entendemos *claramente*.

A pergunta é: nós conseguimos reconhecer e admitir isso? Ou será que nossos egos são tão grandes que não conseguimos, nem mesmo por um segundo, aceitar a ideia de que *possivelmente existe algo a mais que precisamos saber sobre esse tema*?

Essa é a pergunta central que a humanidade precisa encarar na primeira metade do século XXI. É a pergunta crítica. Alcançamos um momento de importância crucial.

A MENSAGEM DE DEUS PARA VOCÊ

Desde o início, Deus vem nos dizendo — e isso está se tornando cada vez mais claro — que **a antiga história cultural da humanidade sobre um Deus que quer que nós voltemos para o céu é simples e completamente errada**.

Hoje, já podemos descartar esse antigo ensinamento da nossa história atual e parar de contá-la a nós mesmos e aos nossos filhos.

Deus não quer que você volte para o céu; Deus quer que você saiba que já *está* no céu. Deus quer que você saiba que jamais saiu do Reino de Deus. Esse reino se divide em três partes: a esfera espiritual, a esfera física e a esfera do ser puro.

Assim como o Reino de Deus se divide em três partes, você também apresenta três partes. A individuação da essência essencial que você chama de "eu" é composta de corpo, mente e alma.

Durante seu tempo de vida eterna, aquilo que você veio a chamar de alma conhece todas as três esferas simultaneamente. Aquilo que você *experimenta* é a esfera na qual sua mente foca sua atenção. Assim, você pode experimentar aquilo que chama de "vida" ou "vida no além", ou "nirvana", ou "êxtase" ou "reunião com Deus".

Dependendo do estado em que você foca sua atenção, seu corpo emite determinadas características, assinaturas energéticas ou "vibrações". Em outras palavras, seu corpo — o aspecto corporal do seu eu divino — altera a frequência das vibrações da essência essencial para produzir uma singularização da singularidade. Você está literalmente se recriando em cada momento áureo do agora. Certas religiões chamam isso de "nascer de novo".

É por meio dessa individuação da Divindade em três partes e por meio de uma transformação contínua que o todo da Divindade vem a ser conhecido, expresso e experimentado em sua totalidade.

Nisso, como em todas as coisas, o Todo é maior do que a soma de suas partes.

Em palavras mais simples: a humanidade (e toda a vida) é Deus se expressando e se experimentando. Os seres humanos são as individuações da divindade em forma específica. Nós temos nos chamado, justamente, de filhos de Deus. Somos, literalmente, o tema de Deus.

Alguém tem um problema com isso? Espero que não, pois todos nós somos filhos de Deus e existimos no paraíso de Deus para experimentar a maravilha e a glória da divindade. Nós não experimentamos isso na terra se nos esquecemos de quem realmente somos.

Cada ser humano faz isso. A pergunta é: *por quê?* Isso serve a quê? Por que estamos tendo essa experiência terrena, e a que serve o fato de esquecermos nossa identidade verdadeira?

Queremos acreditar que Deus nos quer no céu, mas, se este for o caso, por que Deus continua a nos enviar para *cá*?

Alguns têm respondido à pergunta — alguns que aceitam a noção da reencarnação — dizendo que as nossas vidas múltiplas têm a intenção de nos purificar, para que *possamos* voltar para Deus no céu. É quase como se a terra fosse nosso purgatório; como se este fosse o nosso fogo da provação. Voltaremos para casa, finalmente seremos "libertados" das tribulações da vida física, quando tivermos quitado todas as nossas "dívidas cármicas" e vivido uma vida livre de falhas e fraquezas humanas.

Aqueles que não acreditam em reencarnação alegam que viemos aqui apenas uma vez, mas que todas as almas precisam passar pelo processo dessa vida única porque...

... bem, na verdade, não sabemos o porquê. Nem sabemos como viemos parar aqui (entendemos o aspecto biológico, mas não a dimensão teológica).

Tudo que sabemos é que estamos aqui não por escolha própria (ao que parece) e que não sabemos o que estamos tentando fazer aqui — a não ser *voltar* para o lugar de onde acreditamos/esperamos/imaginamos ter vindo.

De onde é que viemos? Qual é o propósito da vida? É fazer o que for necessário para nos garantir uma vida boa no além? É *isso* que está acontecendo?

Não, esse não é o propósito da vida.

Nossa conduta na terra nada tem a ver com o nosso acesso ao céu.

*

Eu sei, eu sei... eu entendo. Isso é uma declaração quase blasfema. Certamente é uma das declarações mais radicais que excursões teológicas humanas poderiam encontrar. Talvez isso baste para incentivar uma análise mais profunda.

Quero, então, repetir essa sentença e destacá-la:

Sua conduta na terra nada tem a ver com seu acesso ao céu.

Isso é verdade não porque Deus o aceita de volta aos seus braços após sua vida na terra. Isso é verdade porque Deus não precisa aceitar de volta aos seus braços alguém que nunca saiu deles.

Você está *sempre* nos braços de Deus. Até mesmo neste momento.

Deus nunca soltou você. Deus nunca o abandonou, nunca lhe deu as costas, nunca se afastou de você — e certamente nunca expulsou você do paraíso, colocando sobre você o fardo do pecado original.

Sua alma sabe de tudo isso. É a sua mente que se esqueceu, e por uma razão muito boa.

O esquecimento da mente permite que a lembrança da alma seja experimentada mais uma vez — e que o êxtase dessa lembrança seja *experimentado eternamente.*

Quando encontra seu amante, você não se une a ele no milagre do amor apenas uma vez. Não, você abraça e solta, volta a abraçar, conhecendo o êxtase da reunificação que só pode ser criado por meio do compartilhamento.

Isso é verdade num nível humano, e é verdade também num nível celestial. Todos nós estamos lembrando — ou voltando a viver essa experiência — que somos um *membro* do Corpo de Deus.

Sua alma experimenta sempre estar nos braços de Deus. Ela está experimentando isso neste momento. Ela experimenta que ela é *parte* de Deus, uma com Deus. Mas sua mente pode levá-lo a crer que isso não é verdade, que isso não é real. Isso faz parte da *tarefa* da mente.

A tarefa da mente é *diferenciá*-lo em sua experiência da Totalidade que chamamos de Deus. Isso lhe permite fazer o que seu ser diferenciado veio fazer, que é experimentar a sua realidade indiferenciada mais uma vez, um elemento, um aspecto, uma qualidade por vez. Você recebeu inúmeras vidas para fazer isso e inúmeras oportunidades em cada vida.

*

Nossa antiga história cultural afirma que nada disso é o propósito da vida. Ela afirma muitas coisas que inventamos do nada, que surgiram de mitos e contos, de lendas e superstições, que construímos a partir dos nossos medos daquilo que poderia acontecer se estivermos errados, mas ela nada nos diz sobre nosso propósito verdadeiro.

Aquilo que os anciãos contam aos seus descendentes tem sido limitado dessa forma durante séculos e milênios. Até hoje, os velhos relatam aos jovens a *mesma velha história*. Assim, "os pecados dos pais têm sido repassados aos filhos, por várias gerações".

Isso não significa que herdamos pecados, mas herdamos *erros*.

Um aspecto fundamentalmente desafiador da condição humana não é que todos nós "nascemos em pecado", mas que *aprendemos* algo daqueles que *aprenderam* algo daqueles que *aprenderam* algo daqueles que *aprenderam* algo que simplesmente não é verdade sobre quem somos e por que estamos aqui.

É essa informação errada que leva os seres humanos a agir, até hoje, da forma que agimos. Não é a nossa *natureza*, é a nossa *instrução*.

*

Aqui, então, você está recebendo uma nova instrução.

Este não é o único lugar onde ela está sendo disponibilizada. É um dos muitos lugares e uma das muitas maneiras, e de todos os lugares vem a mesma mensagem.

Você não veio para cá apenas para lutar e tentar encontrar um caminho de volta para o lugar de onde veio. Você não chegou ao mundo simplesmente para tentar voltar para o céu. Você nunca *saiu* do céu. A vida física faz parte da vida eterna. Você veio para a terra para *experimentar* seu ser como quem você realmente é, e você só pode fazer isso no Reino de Deus, que é o lugar onde está *neste momento*.

Não existe outra agenda para a vida, e ela nada tem a ver com a necessidade de você se salvar. Tem a ver com você se lembrar de si mesmo.

Sua presença no Reino de Deus nada tem a ver com seu "mérito". O amor de Deus não é algo que você possa merecer. O amor de Deus lhe é dado. E ele é dado a tudo que vive. O fato de estar vivo é evidência de que você o recebeu, pois a vida em si é Amor de Deus que se expressa.

Sua presença no Reino de Deus também nada tem a ver com "justiça". Você chegou aqui não porque não fez nada de errado, ou porque "pagou" por qualquer "erro" que cometeu. Toda a ideia de "justiça" como justificação para o dogma do inferno e da perdição eterna é analisada *do ponto de vista de Deus* no capítulo 24 deste livro. É algo que você, talvez, queira ler repetidas vezes, pois esse capítulo desmascara a ilusão da "justiça" e da "moralidade" com clareza absoluta.

Por ora, encerramos nossa lista de equívocos sobre Deus com o maior erro de todos.

CAPÍTULO 23

O último e maior equívoco sobre Deus: *Deus está separado de nós*

Finalmente, chegamos ao "x" da questão. Estamos diante do *equívoco último* e nos damos a oportunidade de, enfim, substituí-lo pela consciência última.

A maioria de nós aqui na terra — aqueles de nós que tiveram algum tipo de instrução religiosa e aqueles de nós que se depararam com alguma ideia de Deus simplesmente se deslocando pelo mundo — tem ouvido que Deus é o Alfa e o Ômega, o Tudo em Tudo, o Princípio e o Fim.

Também nos disseram — de certa forma, de modo contraditório — que Deus está separado de nós (o que faria de Deus *não* "o Tudo em Tudo") e que nossa tarefa, nosso trabalho, nosso desafio é, de alguma forma, reunir aquilo que está separado.

*

E agora vem o maior *e se* de todos...

E se Deus não estiver separado de nós, nem separado de qualquer coisa de qualquer forma?

Isso faria diferença? Importaria? No esquema geral das coisas, isso teria algum impacto significativo sobre a nossa experiência neste mundo?

Sim. Isso mudaria tudo na forma como a vida é vivida na terra. Mudaria tudo em relação a como você se percebe. Mudaria tudo em relação à forma como percebemos uns aos outros. Mudaria tudo em relação a como você experimenta Deus.

Mudaria tudo em relação a praticamente tudo.

Se nossa espécie aceitasse sua união com a Divindade, nosso comportamento humano daria meia-volta, pois passaríamos a ver uns aos outros como seres abençoados e perceberíamos tudo que estamos pensando ou fazendo como algo que estamos pensando sobre Deus ou fazendo a Deus.

Se essa fosse nossa perspectiva, não teríamos mais *motivação* para pensar ou fazer qualquer coisa negativa em relação a qualquer um, pela simples razão de que, quando todos tratam todos como divinos, todos os comportamentos que justificam uma reação negativa desapareceriam da experiência humana.

Imagine como você trataria Deus se ele estivesse diante de você. Agora, aplique isso aos seus encontros com seres humanos e imagine como você trataria todas as pessoas se você as considerasse divinas. E imagine um mundo em que todos o tratassem como se *você* fosse divino. Num mundo assim, você não as trataria da mesma forma?

*

Neste momento, parecemos ser incapazes de alcançar esse lugar. Aparentamos ser incapazes de aceitar a noção neste planeta de que cada um de nós é divino. Isso não é insignificante, pois a maioria daqueles que acatam algum tipo de teologia aceita uma teologia da separação.

Uma teologia da separação é uma maneira de olhar para Deus que insiste que nós "estamos aqui" e que ele "está lá".

Isso poderia até funcionar se parasse por aí, mas o problema é que a teologia da separação produz uma cosmologia da separação, ou seja, uma maneira de olhar para a vida que diz que tudo está separado de todo o resto.

Isso poderia até funcionar se parasse por aí, mas o problema é que a cosmologia da separação produz uma psicologia da separação, ou seja, um perfil psicológico que "me" coloca aqui; e "você", ali.

Isso poderia até funcionar se parasse por aí, mas o problema é que a psicologia da separação produz uma sociologia da separação, ou seja, uma maneira de socializar uns com os outros que encoraja toda a sociedade humana a agir como entidades separadas que servem aos seus próprios interesses.

Isso poderia até funcionar se parasse por aí, mas o problema é que a sociologia da separação produz uma patologia da separação, ou seja, *condutas patológicas de autodestruição*, individual ou coletiva, que produz sofrimentos, conflitos, violência e morte pela nossa própria mão, como demonstra o nosso planeta ao longo de toda a história humana.

A eliminação da história da separação da nossa história cultural eliminaria as condutas geradas por essa saga contínua.

*

A história da separação teve sua origem nas primeiras tentativas da nossa espécie de entender a vida que estávamos experimentando.

O que agora chamamos de "autoconsciência" surgiu quando começamos a nos ver ou conhecer individualmente. Talvez vimos nosso reflexo num lago ao lado da caverna, e isso iniciou essa percepção. Levantamos uma das mãos para coçar a cabeça e vimos que "o homem na lagoa" estava fazendo o mesmo... e logo começamos a conceber o "Eu".

O próximo passo na produção da percepção da separação veio, talvez, quando estávamos sentados em volta da fogueira do nosso clã e nos assustamos com algum relâmpago no céu noturno, seguido por uma forte trovoada. Olhamos uns para os outros e perguntamos, com qualquer mímica ou expressão verbal que havíamos desenvolvido: "Foi *você* quem fez isso?" E quando todos os membros do clã balançaram a cabeça em um "Não!" temeroso, chegamos à conclusão assustadora: *existe algo diferente de nós*.

Esse algo diferente também parecia, como eventos subsequentes aparentavam provar, ser muito mais *poderoso* do que nós. Esse algo era capaz de causar vento e chuva e tempestades violentas; calor e secas que pareciam durar para sempre; um tremor assustador e até mesmo uma abertura no chão sobre o qual caminhávamos. Era até capaz de causar um incêndio na floresta.

Entendemos então que precisávamos encontrar uma maneira de *controlar* esse algo diferente, caso contrário nossas vidas sempre dependeriam de seu favor. No entanto, não conseguimos imaginar uma maneira de fazer isso. Tentamos de tudo. Sabíamos que precisávamos encontrar uma maneira de pacificar os deuses.

*

É claro que ainda não chamávamos esses elementos da vida de "deuses". Essa palavra surgiu muito mais tarde. Mas imaginávamos esse algo diferente como um aspecto da nossa existência que era poderoso e incontrolável.

Alguns membros do nosso clã se comportavam exatamente da mesma forma. O maior, mais forte e mais bruto membro do nosso clã atropelava a vida coletiva dos outros, que se esforçavam para apaziguá-lo. Ofereciam-lhe sacrifícios de todo tipo, desde virgens lindas e comida abundante a coisas maravilhosas das riquezas da terra.

Certa vez, quando o membro mais forte do nosso grupo se irritou mais do que de costume por causa de uma longa seca e dos sacrifícios que isso lhe impôs, nosso pequeno grupo se reuniu para fazer o que fosse possível para acalmá-lo, a fim de que ele não descontasse sua raiva em nós — coisa que ele já havia feito antes.

Organizamos uma festa para o líder do clã, cantamos e dançamos para ele. Alguém arrancou um galho de uma árvore próxima e o chacoalhou como parte de sua dança, e suas folhas produziram um som ritmado que combinava com os giros do dançarino em torno das chamas da fogueira.

Naquele exato momento, o céu se abriu e uma pancada de chuva encharcou a clareira. Todos ficaram chocados! E, em vista do desenvolvimento intelectual limitado do clã naquela época, a dança com o galho foi considerada a responsável pela chuva.

Havíamos encontrado uma maneira de agradar e pacificar aquele algo diferente! Não só o líder bruto se acalmou, mas também aquele algo diferente igualmente bruto, que estava fazendo o que esperávamos que ele fizesse!

Todos os membros do clã ficaram tão felizes! O "fazedor de chuva" foi elevado a uma posição de status supremo. Criamos um ritual e uma classe dentro do clã para realizá-lo.

Visto que o clã acreditava que a dança com o galho feita pelo "fazedor de chuva" criava a chuva, foi o que aconteceu no futuro na maioria das vezes. A metafísica, sendo o que é, fez a fórmula funcionar. Pois o processo metafísico — moderno ou antigo — produz na esfera física aquilo que se acredita fervorosamente.

Naquele primeiro caso, o efeito coincidente da chegada da chuva durante a apresentação da dança não foi produzido intencionalmente. No entanto, o que produziu a chuva foi sem dúvida a esperança mais fervorosa, o desejo mais profundo de que a seca terminasse e que o líder do clã fosse apaziguado. E foi impossível ignorar o fato de a chuva ter caído exatamente quando a dança estava sendo apresentada. Os dois eventos foram reunidos como causa e efeito.

Assim nasceu a religião.

*

Essa narrativa é criação minha. Foi uma revelação — ou uma inspiração, se você preferir — que eu recebi na época em que conversava com Deus. É possível que a história seja incorreta, mas acredito que isso ou algo bem parecido tenha ocorrido na vida primordial dos seres humanos e que tenha sido isso que produziu nosso senso de separação, nosso senso de algo diferente e nosso senso de que possa, afinal de contas, existir uma forma de controlar — ou pelo menos *influenciar* — esse algo diferente.

Os primeiros humanos estavam lidando com a alquimia do universo sem se darem conta disso. Conforme nos tornamos mais sofisticados em nosso entendimento, nossa espécie começou a chamar toda essa atividade de "religião", explorando e criando maneiras mais sofisticadas de apaziguar "os deuses"... e, mais tarde, o Deus único que os humanos acreditavam existir.

Estávamos certos sobre isso. Existe essa coisa que chamamos de Deus. Mas nossa ideia fundamental de Deus — de ele ser algo diferente — é errada.

A MENSAGEM DE DEUS PARA VOCÊ

Desde o início, Deus vem nos dizendo — e isso está se tornando cada vez mais claro — que **a antiga história cultural da humanidade sobre a separação** é simples e completamente errada.

Hoje, já podemos descartar esse antigo ensinamento da nossa história atual e parar de contá-la a nós mesmos e aos nossos filhos.

Assim como a ideia de um Diabo é um mito, a separação também é um mito.

Todas as coisas são uma só. Existe apenas Uma Coisa, e todas as coisas são parte da única coisa que existe.

A Uma Coisa que existe tem recebido muitos nomes de muitas pessoas. Entre eles estão: Adonai, Alá, Brama, Divindade, Mãe Divina, Elohim, Deus, Hari, Jeová, Krishna, Senhor, Rama, Vishnu e Javé. Essa não é uma lista completa.

Dentro do contexto da discussão atual, essa Uma Coisa é chamada de Deus. Não existe um único nome correto e adequado para a Uma Coisa que existe.

A Uma Coisa pode também simplesmente ser chamada de Vida. Pois a Uma Coisa é a vida em todas as suas formas manifestas. Tudo que é físico ou não físico, visível ou invisível, conhecido ou desconhecido faz parte da vida e é, portanto, a manifestação da Totalidade que aqui chamamos de Deus.

Visto que a essência essencial é a única coisa que *existe*, não existe nada *além* da Totalidade — ou de Deus.

Na verdade, essa é a mensagem do homem chamado Jesus Cristo. Ele veio para nos devolver a nós mesmos. Ele *disse* isso. Ele realmente disse que todos nós somos um. Que aqueles que têm ouvidos ouçam:

> Em favor deles eu me santifico, para que também eles sejam santificados pela verdade. Minha oração não é apenas por eles.

> Rogo também por aqueles que crerão em mim, por meio da mensagem deles, para que todos sejam um, Pai, como tu estás em mim e eu em ti. Que eles também estejam em nós, para que o mundo creia que tu me enviaste. Dei-lhes a glória que me deste, para que eles sejam um, assim como nós somos um (João 17: 19-22)

Mas não é apenas Jesus que nos mostra nossa identidade verdadeira na Bíblia.

> Não temos todos o mesmo Pai? Não fomos todos criados pelo mesmo Deus?
>
> Por que será então que quebramos a aliança dos nossos antepassados sendo infiéis uns com os outros? (Malaquias 2: 10)

> [...] assim também em Cristo nós, que somos muitos, formamos um corpo, e cada membro está ligado a todos os outros. (Romanos 12: 5)

> Por haver um único pão, nós, que somos muitos, somos um só corpo. (Coríntios 10: 17)

Deus existe em sua forma total para sempre e jamais, de forma alguma, pode ser separado de si mesmo. Se qualquer coisa que existe estivesse separada de alguma forma de qualquer outra coisa, a Uma Coisa seria então mais do que Uma Coisa — o que é impossível.

Apesar de Deus existir como uma realidade única, ele é capaz de se manifestar em formas múltiplas. Essa multiplicidade de *formas* não deve ser confundida com a multiplicidade de *coisas*. Deus é uma única coisa, que se revela, manifesta e apresenta em infinitas variações. Ele faz isso por meio de um processo que a linguagem humana identifica como diferenciação — um termo que já usamos antes nesta narrativa.

Diferenciação não é separação, mas simplesmente individuação, assim como os dedos de um ser humano se diferenciam, mas não se separam da mão. Assim como uma célula tronco se diferencia no corpo humano sem jamais deixar de ser a célula em si.

Visto que existem apenas um elemento e uma energia, podemos concluir e deduzir que tudo que observamos e experimentamos na esfera física é uma expressão da essência essencial. Esse elemento singular é a energia mais pura e indiferenciada que chamamos de vida. Ela se manifesta e evidencia para onde quer que olhamos e existe também naquilo que não conseguimos ver.

A essência essencial gera uma variedade infinita de formas de vida. Essas formas de vida são para Deus como as ondas são para o oceano: intrinsicamente parte dele e demonstrações singulares suas.

Uma onda no meio do oceano não é "outra coisa" diferente do oceano, tampouco precisa "retornar" para o oceano. A onda é o oceano, que se manifesta em uma forma específica.

Assim, nós também somos parte de Deus. Você não precisa "voltar" para Deus, você precisa apenas se lembrar de que você nunca esteve e nunca será separado de Deus e então começar a agir segundo essa verdade.

Como já observamos, se toda humanidade fizesse isso, nossa experiência neste planeta se transformaria em um milagre de amor manifesto, e nossas vidas jamais seriam as mesmas.

*

De todos os equívocos sobre Deus, este é o que apresenta as mais graves consequências. É o equívoco que gera sentimentos de solidão, isolamento e desespero. Que alimenta nossa falta de esperança e nossa ansiedade. Que permite crueldade, que desculpa vingança e absolve a violência. De todos os equívocos sobre Deus, este é o que derruba as peças do dominó.

A aceitação da verdade de que Deus e nós somos Um muda tudo. Ela altera dramaticamente toda a nossa experiência de vida. Ela transforma de maneira radical a nossa expressão no dia a dia. Ela eleva para um novo nível todo o nosso encontro entre nascimento e morte, abrindo-nos para uma nova maneira de ser na terra.

Tornamo-nos, *de fato*, seres humanos, que é algo que somos, não que fazemos — e, se escolhermos ser divinos, tudo que tocamos no mundo é elevado. Pois ser divino significa amor, pura e simplesmente, e é isso que o nosso mundo tanto anseia.

Tudo o que os seres humanos desejaram desde o início dos tempos foi amar e ser amados. E tudo o que fizemos desde o início dos tempos foi criar regras e regulamentações, diretrizes e tradições, tabus tribais, costumes sociais e proibições religiosas que nos dizem quem, o que, quando, onde, como e por que devemos amar — e quem, o que, quando, onde, como e por que não podemos amar.

Infelizmente, a segunda lista é bem mais longa do que a primeira.

Isso nos diz algo sobre nós. Não algo ruim, apenas um fato. Diz o que eu tenho dito aqui o tempo todo: que nós somos muito novos. Mas estamos amadurecendo.

Sim.

E estamos compreendendo que a vida não é aquilo que imaginamos, mas muito, muito mais. E que Deus não é o que imaginamos que ele é. Não chegamos nem perto.

Agora que, enfim, desmascaramos de uma vez todos os nossos equívocos sobre Deus, podemos avançar e nos lembrar da alegre e magnífica mensagem original.

CAPÍTULO 24

Algo que deixamos em aberto

Ok, é isso. Esses são os principais equívocos sobre Deus aos quais, segundo minha observação, bilhões de pessoas se agarram, e essas foram também minhas melhores formulações das mensagens que recebi pela primeira vez em *Conversando com Deus* e que tratam desses equívocos.

Espero que tenha feito jus a eles, pois acredito que essas informações sejam algumas das mais importantes que poderiam ser compartilhadas com nossa espécie neste momento.

E, falando em justiça e de coisas importantes, parece-me adequado avançarmos para além desses equívocos rumo à ideia da "justiça de Deus".

Essa é uma doutrina que fundamenta e apoia a ideia defendida por tantos segundo a qual precisamos receber o perdão de Deus para os nossos erros, segundo a qual precisamos "pagar" por nossos pecados por meio de um sofrimento abjeto em algum momento durante nossa viagem para o céu ou segundo a qual jamais seremos recebidos no céu caso tenhamos cometido algum pecado absolutamente imperdoável.

Todas essas ideias se apoiam na noção de que a "justiça divina" exige um castigo divino para todos os filhos de Deus que agiram de forma não divina.

Essa doutrina, propagada por muitas religiões, pretende eliminar a confusão que se cria quando a definição tradicional da nossa Deidade como um "Deus de amor" se junta à advertência de que, mesmo assim, precisamos temer a Deus.

As religiões do mundo dificilmente conseguiriam apresentar à humanidade uma doutrina de uma Deidade julgadora, vingativa e disposta a transformar amor em ira sem oferecer uma razão para essa Deidade agir dessa forma. Portanto, as religiões *inventaram* uma razão. Não foi a falta de *amor* que levou Deus a agir assim, elas disseram, mas a necessidade de *justiça*.

Em vista dessa necessidade, nossas religiões nos disseram, deveríamos ser capazes de entender por que julgamento sem recurso, condenação sem exceção e castigo sem fim são reações necessárias de Deus aos malfeitos das criaturas de Deus, inclusive o mal imperdoável de pertencer à religião errada.

É claro que as religiões poderiam simplesmente ter anunciado que sua doutrina que exige "perfeição" e "justiça" no céu surgiu de um equívoco sobre a natureza verdadeira de Deus; mas, então, não haveria necessidade para julgamento, condenação e castigo na vida no além, e essa perspectiva aterrorizante é o principal instrumento de muitas religiões para recrutar e manter seus membros.

Por isso, ao longo dos séculos e dos milênios, elas continuaram a declarar que o céu só pode aceitar pessoas perfeitas e justas — e assim a necessidade de purificar as pessoas *levemente* imperfeitas (por meio do sofrimento no purgatório) e de eliminar as pessoas *imperdoavelmente* imperfeitas (por meio do castigo eterno no inferno) foi consolidada nos ensinamentos religiosos da humanidade, tanto no passado quanto no presente, por mais arcaicos que esses ensinamentos sejam. Vejamos agora qual é a verdade sobre tudo isso.

Nenhuma narrativa explicativa sobre esse assunto alcançaria a clareza de uma única passagem do material original que representa o fundamento do texto que você tem em suas mãos, por isso, voltemos a ele para obter essa clareza.

O que se segue é uma citação do livro *The New Revelations* [As novas revelações] da série *Conversando com Deus*. Como você já sabe, trata-se de um diálogo entre Deus e a humanidade.

Deus é o primeiro a falar.

> Mesmo se eu tivesse o pensamento nada divino de que vocês não "merecem" o céu, por que deveria eu ter a necessidade de buscar qualquer tipo de vingança ou castigo para seus fracassos? Não seria algo absolutamente fácil para mim eliminá-los e pronto? Que parte vingativa minha exigiria que eu os submetesse a um sofrimento eterno indescritível?
>
> Se vocês respondessem: "A necessidade de justiça", uma simples negação da comunhão comigo já não satisfaria essa justiça? Por que eu teria de aplicar também uma dor eterna?
>
> Eu lhes digo que não existe esse tipo de experiência após a morte, que vocês construíram em suas teologias baseadas no medo. No entanto, existe uma experiência da alma tão infeliz, tão incompleta, tão separada da maior alegria de Deus que, para a sua alma, isso seria o inferno.
>
> Mas eu lhes digo que não os mando para lá, tampouco faço essa experiência vir até vocês. São vocês, vocês mesmos, que criam a experiência sempre que separam seu eu da mais nobre noção sobre vocês mesmos.
>
> Vocês, vocês mesmos, criam a experiência sempre que negam seu eu, sempre que rejeitam quem e o que realmente são.
>
> Mas nem mesmo essa experiência é eterna, jamais pode ser eterna, pois não é meu plano que vocês per-

maneçam separados de mim para todo o sempre. Na verdade, isso é algo impossível, pois, para que isso fosse possível, não só vocês teriam de negar quem são — eu também teria de negá-los. Isso é algo que nunca farei. Assim, enquanto um de nós preservar a verdade sobre vocês, a verdade sobre vocês prevalecerá.

Mas, se não houver inferno, isso significa que eu posso fazer o que bem quiser, agir como bem quiser, cometer qualquer ato sem medo de retribuição?

É do medo que vocês precisam para ser, fazer e ter o que é intrinsicamente certo? Vocês precisam ser ameaçados para serem "bons"? E o que significa "ser bom"? Quem tem a última palavra sobre isso? Quem define os limites? Quem estabelece as regras?

Eu lhes digo isso: vocês são seus próprios reguladores. Vocês definem os limites. E decidem se foram bem-sucedidos, se estão indo bem. Pois são vocês que decidem quem e o que realmente são — e quem querem ser. E vocês são os únicos que podem avaliar se estão sendo bem-sucedidos.

Ninguém mais jamais vai julgá-los, pois por que, e como, Deus poderia julgar a sua própria criação e chamá-la de má? Se eu quisesse que vocês fossem e fizessem tudo perfeitamente, eu teria lhes dado o estado da perfeição total desde sua criação. Toda a ideia do processo era que vocês descobrissem por si mesmos, que criassem a si mesmos como realmente são, e realmente desejam ser. Mas vocês não poderiam fazer isso se não tivessem também a escolha de serem algo diferente.

Deveria eu então puni-los por fazerem uma escolha que eu mesmo lhes dei? Se não quisesse que vocês fizessem a segunda escolha, por que teria criado algo além da primeira? Essa é uma pergunta que vocês precisam fazer a si mesmos antes de atribuir a mim o papel do Deus que condena.

A resposta direta à sua pergunta é: sim, vocês podem fazer o que bem quiserem sem medo de retribuição. Mas talvez devessem estar atentos às consequências.

Consequências são resultados. Produtos naturais. Eles nada têm a ver com retribuições ou castigos. Resultados são simplesmente o que são. Eles são o produto da aplicação natural de leis naturais. São o que acontece, de forma bastante previsível, como consequência daquilo que *já* ocorreu.

Toda a vida física funciona de acordo com leis naturais. Se você se lembrar dessas leis e as aplicar, conseguiu dominar a vida no nível físico.

O que parece castigo para vocês — ou aquilo que chamariam de mal ou azar — nada mais é do que a lei natural que se manifesta.

Muitas pessoas não entendem essa ideia de um Deus que diz: "Não existe essa coisa de certo e errado" e que proclama que jamais seremos julgados.

Bem, decidam o que querem! Primeiro, vocês me acusam de julgá-los e depois se aborrecem porque eu não os julgo.

Eu sei, eu sei. Isso tudo é muito confuso. Somos todos tão complexos. Não queremos teus julgamentos, mas na verdade queremos, sim. Não queremos teus castigos, mas ficamos perdidos sem eles.

E quando dizes: "Eu jamais os julgarei", não acreditamos nisso — e alguns quase se irritam por causa disso. Pois, se tu não nos julgares e não nos castigares, o que nos fará seguir o caminho reto e estreito? E se não existir "justiça" no céu, quem corrigirá toda a injustiça na terra?

Por que vocês contam com o céu para corrigir o que vocês chamam de "injustiça"? Não é dos céus que a chuva cai?

Sim.

Então eu lhes digo isto: a chuva cai igualmente sobre os justos e injustos.

Mas quanto a isto: "'A vingança é minha', diz o Senhor'"?

Eu nunca disse isso. Um de vocês inventou isso, e o resto acreditou.

"Justiça" não é algo que você experimenta após ter agido de determinada forma, mas *porque* você age de determinada forma. Justiça é um ato, não o castigo *por* um ato.

Reconheço que o problema da nossa sociedade é que nós buscamos "justiça" após uma "injustiça" ter ocorrido, em vez de "fazer justiça" desde o início.

É isso aí! Você acertou na mosca. Justiça é uma ação, não uma reação. Portanto, não olhem para mim esperando que eu "conserte tudo no fim" por meio da imposição de alguma forma de justiça celestial na "vida no além".

Eu lhes digo isto: não existe "vida no além", existe apenas vida. A morte não existe. E a maneira como vocês experimentam e criam sua vida, como indivíduos e como sociedade, é sua demonstração daquilo que acreditam ser justo.

CAPÍTULO 25

Mais duas coisas, por favor

Vamos tocar aqui também em dois assuntos que prometemos expandir um pouco antes de encerrar este livro.

Talvez você se lembre do capítulo 9, em que dissemos: "Deus é a vida em si, que é a expressão do Amor em forma física. Cada expressão de vida é uma expressão de Amor. Isso nem sempre pode parecer assim aos olhos da percepção limitada, mas, sem dúvida, é profunda e eternamente verdadeiro."

Isso merece uma explicação.

*

Cada ato é um ato de amor. Alguns atos de amor são profundamente distorcidos, terrivelmente maléficos e o que chamaríamos de horrivelmente maus, mas são gerados por amor e são expressões de amor — por mais deformados e desfigurados que possam ser.

Se uma pessoa nada ama, ela nada odeia. Pois uma pessoa só odeia se não pode ter algo que ama, ou se aquilo que a pessoa ama é tirada dela.

Se uma pessoa nada ama, essa pessoa jamais se irrita. Pois uma pessoa só se irrita se algo que ama é violado, obstruído, negado ou danificado de alguma forma.

A pessoa que não ama simplesmente não se importa.

Isso não significa que atos feios e horríveis cometidos por seres humanos sejam sancionados. Mas significa que podem ser compreendidos.

O desafio da humanidade é que ela, estando em sua fase quase infantil, ainda não aprendeu como amar em cada caso sem causar estragos. É possível que seres altamente evoluídos vivam dessa forma. Pouquíssimos seres humanos têm alcançado um nível de consciência e percepção do qual essa conduta emerge sempre e inevitavelmente.

Deus sabe disso, e entende.

O reconhecimento notável de que cada ato é um ato de amor pode ser aplicado à nossa reação quando outros fazem algo que nos magoa ou prejudica de alguma forma. A maneira mais rápida de usá-lo quando nos sentimos magoados ou prejudicados é lembrar-nos imediatamente de um tempo em que poderíamos ter feito a mesma coisa, ou quase a mesma coisa em termos de conteúdo ou intensidade em nossa interação uns com os outros.

Existem poucas ofensas cometidas contra nós que não cometemos contra outros em alguma forma. Todas as tradições espirituais reconhecem isso. É por isso que temos recebido ferramentas tão maravilhosas como estas afirmações:

"Aquele que não tiver pecado atire a primeira pedra."

"Não julgueis, para que não sejais julgados."

"Perdoa as nossas dívidas, assim como perdoamos nossos devedores."

A sabedoria contida aqui é muito mais profunda do que poderíamos ter imaginado. Ela está arraigada no conhecimento de que todos os atos são atos de amor e de que nós jamais machucaríamos outra pessoa deliberadamente se nós mesmos não tivéssemos amado tanto algo a ponto de agirmos de maneiras que pudessem machucar outros.

Não é natural que seres humanos machuquem outros seres humanos. Isso simplesmente não faz parte da nossa *natureza*. Dizem que apenas os feridos ferem. E isso é verdade. Por isso, uma das coisas mais reparadoras, mais restauradoras, mais curadoras que podemos dizer a alguém que nos prejudicou é: "Por favor, me diga: o que o machucou tanto a ponto de você achar que precisa me machucar para que possa ser curado?"

*

O segundo assunto em que tocamos está no capítulo 18, quando dissemos que todo serviço a si mesmo é um serviço ao Todo. "Existem muitas razões pelas quais isso é verdade, como ficará claro antes de concluirmos este livro", lemos ali, e espero que este seja o caso — principalmente após a leitura do capítulo 23.

Você se lembrará de que ali o texto diz: "Todas as coisas são uma só. Existe apenas Uma Coisa, e todas as coisas são parte da única coisa que existe."

Isso significa muito mais do que apenas: "Você deve proteger seu irmão." Isso significa que você é seu irmão; e seu irmão é você. Significa que não há separação, mas apenas a aparência de separação entre você e Deus e entre você e qualquer outro ser vivo.

Eu internalizei isso com a ajuda de uma simples afirmação: o que eu faço por você, eu faço por mim. O que deixo de fazer por você, eu deixo de fazer por mim. Existe apenas um de nós. Sei que, aparentemente, existem mais de um de nós, mas somos um único ser individuado. E todos nós desejamos a mesma coisa, pois todos nós *somos* a mesma coisa: amor. Estamos simplesmente tentando expressar e experimentar quem somos.

CAPÍTULO 26

O momento de escolher chegou

Chegou o momento de tomar uma decisão. Não porque você está se aproximando do final deste livro, mas porque a humanidade como um todo está se aproximando do fim de sua capacidade de continuar da mesma forma.

Isso não deve ser um alerta do fim do mundo, apenas uma palavra dirigida aos sábios. Precisamos mudar o nosso rumo, e a maneira mais rápida de fazer isso é mudar nossas ideias sobre Deus.

Essa é a decisão que estamos sendo convidados a tomar. Estamos prontos para mudar nossas ideias sobre Deus? E já que estamos falando nisso, estamos prontos também para tomar uma decisão firme e final sobre nós mesmos e sobre quem somos?

Uma vez que quase 5 bilhões dos 7 bilhões de pessoas do mundo professam uma crença em um poder superior, você pode apostar sua vida (na verdade, você *está* apostando sua vida) em que decisões importantes estão sendo tomadas — decisões políticas, econômicas, ambientais, educacionais, sociais e espirituais — com base *naquilo* que as pessoas acreditam *sobre* esse poder superior.

Então, todo esse negócio de como a humanidade pensa sobre Deus e de como os seres humanos pensam sobre si mesmos em seu relacionamento com Deus não é algo insignificante — já afirmamos isso nas primeiras frases do primeiro capítulo deste livro.

Pense, por exemplo, nas vidas que poderiam ser salvas se a nossa espécie abandonasse todas as suas condutas geradas pela noção de que somos separados uns dos outros e de Deus.

Imagine como seria a vida neste planeta se agíssemos como se não houvesse separação entre nós, como se fosse realmente verdade que aquilo que faço por você eu faço por mim, e que aquilo que deixo fazer por você eu deixo de fazer por mim. As ramificações políticas, econômicas e sociais dessa única ideia são enormes. A aplicação prática desse pensamento faria com que todos os sistemas que criamos para produzir uma vida melhor de fato *funcionassem*.

Enfim.

A fome acabaria. A opressão chegaria ao fim. A dominação terminaria. O terrorismo acabaria. A destruição do meio-ambiente chegaria ao fim. A pobreza acabaria. O sofrimento humano mundial não existiria mais.

*

Nossos comportamentos disfuncionais não podem terminar agora porque eles se baseiam e emergem de uma mentalidade da "sobrevivência do mais forte", que apenas uma crença na separação pôde produzir. E em todas as civilizações em que o maior valor é a sobrevivência do Todo, e não a sobrevivência de suas partes, está ocorrendo uma transformação enorme.

Isso pode acontecer agora também na terra.

Não da noite para o dia. Não em uma semana ou em um mês ou em um ano. Não. Mas antes cedo do que tarde? Sim. Em décadas e não em séculos? Sim. Porque a nossa consciência coletiva superará rapidamente e tornará indesejável todas as nossas condutas anteriores irracionais.

No entanto, isso não é uma questão apenas de consequências globais. A mudança em seus pensamentos sobre sua unidade com Deus e sobre a unidade com os outros pode ter consequências imediatas e notáveis para a sua própria vida.

Você pode ter uma paz maior. Uma alegria maior. Uma satisfação maior. Mais amor e companheirismo. E não só temporariamente. Não apenas de vez em quando, mas pelo resto de sua vida. E tudo isso com uma simples mudança em seu pensamento.

Este texto quer ajudá-lo a partir nessa direção. Ele termina aqui convidando você a começar aqui. Ele o desafia a fazer uma escolha simples. Essa escolha tem a ver com a maneira como você se vê dentro do universo.

Eu escrevi sobre isso em *The Storm Before the Calm* [A tempestade antes da calma] e quero repetir aqui o que falei naquele livro, porque essa decisão pode mudar sua vida para sempre.

*

Proposição: Você (e todos nós) tem duas escolhas quando se trata de como pensa sobre si mesmo.

ESCOLHA NÚMERO 1: Você pode se ver como uma criatura física, como um "incidente biológico e lógico". Ou seja, como o resultado lógico de um processo biológico iniciado por dois processos biológicos anteriores chamados pai e mãe.

Se você se vê como uma criatura física, se vê como não possuindo nenhum vínculo maior com os processos maiores da vida do que qualquer outra forma de vida química ou biológica.

Como todas as outras formas de vida, você sofre o impacto da vida, mas pode exercer apenas um impacto muito pequeno sobre ela. Certamente, você é incapaz de criar eventos, a não ser no sentido mais remoto e indireto. Você é capaz de criar mais *vida* (todas as criaturas químicas possuem a capacidade de criar mais exemplares de sua espécie), mas não é capaz de criar aquilo que a vida *faz* ou como ela se "manifesta" em qualquer momento específico.

Além disso, como criatura física, você se vê como muito limitado em sua capacidade de criar uma reação intencional aos eventos e às condições da vida. Você se vê como uma criatura de costumes e instintos, que dispõe apenas dos recursos que sua constituição biológica lhe oferece.

Você se vê como tendo mais recursos do que uma tartaruga, porque sua constituição biológica lhe deu mais. Você se vê como tendo mais recursos do que uma borboleta, porque sua constituição biológica lhe deu mais.

Você se vê como tendo mais recursos do que um macaco ou um golfinho (mas, nesses casos, talvez não sejam tantos a mais), porque sua constituição biológica lhe deu mais. No entanto, isso é tudo que você acredita ter em termos de recursos.

Você se vê como sendo obrigado a lidar com a vida dia após dia à medida que ela passa, talvez com um pouquinho daquilo que parece ser algum tipo de "controle" com base em planejamentos, entre outras coisas, mas você sabe que algo pode dar errado a qualquer momento — coisa que costuma acontecer com frequência.

Escolha número 2: Você pode se ver como um ser espiritual que habita uma massa biológica — aquilo que eu chamo de "corpo".

Se você se vê como ser espiritual, você se vê como detentor de poderes e capacidades que superam em muito os poderes e as capacidades de uma criatura física; poderes estes que transcendem a fisicalidade básica e suas leis.

Você entende que esses poderes e essas capacidades lhe dão o controle colaborativo sobre os elementos *externos* de sua vida individual e coletiva e o controle total sobre os elementos *internos* — o que significa que você tem a capacidade total de criar sua própria realidade, pois sua realidade nada tem a ver com a *produção* dos elementos externos de sua vida, e tudo tem a ver com o modo como você *responde* aos elementos que foram produzidos.

E, como ser espiritual, você sabe que você está aqui (na terra) por uma razão espiritual. Trata-se de um propósito altamente focado e que pouco tem a ver diretamente com sua profissão ou carreira, sua renda, suas posses, seus desempenhos, seu status social, ou com qualquer condição externa ou circunstância de sua vida.

Você sabe que seu propósito tem a ver com sua vida *interior* — e sabe também que a forma como você alcança seu propósito pode ter um *efeito* sobre sua vida externa.

(Pois a vida interior de cada indivíduo produz cumulativamente a vida externa da coletividade, isto é, das pessoas à sua volta e das pessoas em volta dessas pessoas que estão à sua volta. É dessa forma que você, como ser espiritual, participa da evolução de sua espécie.)

Minha própria escolha: **Eu decidi que sou um ser espiritual, um ser de três partes, composto de corpo, mente e alma. Cada parte do meu ser tripartido tem uma função e um propósito. Conforme eu compreendo cada uma dessas funções, cada aspecto meu começa a servir de forma mais eficaz ao seu propósito em minha vida.**

Eu sou uma individuação da Divindade, uma expressão de Deus, uma singularização da singularidade. Não existe separação entre mim e Deus, tampouco existe qualquer diferença, exceto em termos de proporção. Mas em termos bem simples: Deus e eu somos um.

Isso suscita uma pergunta interessante. Será que me acusam corretamente como herege? Será que as pessoas que acreditam ser divinas nada mais são do que lunáticos doidos? Seriam elas apóstatas?

Eu fiquei imaginando. Por isso fiz uma pesquisa. Eu queria descobrir o que as fontes religiosas e espirituais têm a dizer sobre o assunto. O que eu descobri foi isto:

> Revelem-nos o futuro, para que saibamos que vocês são deuses. Façam alguma coisa, boa ou má, para que nos rendamos, cheios de temor (Isaías 41: 23).

> Eu disse: vocês são deuses, todos vocês são filhos do Altíssimo (Salmos 82: 6).

> Jesus lhes respondeu: "Não está escrito na Lei de vocês: 'Eu disse: Vocês são deuses'?" (João 10: 34).

O filósofo indiano Adi Shankara (788-820 d.C.), o homem responsável pela exposição e consolidação inicial do Advaita Vedânta, escreveu em sua famosa obra *Vivekachudamani*: "Bramã é a única Verdade, o mundo espaço-temporal é uma ilusão, e ultimamente existem Bramã e o eu individual."

Sri Swami Krishnananda Saraswati Maharaj (25 de abril de 1922 – 23 de novembro de 2001), um santo hindu, disse: "Deus existe; existe apenas um Deus; a essência do homem é Deus."

Segundo o budismo, no fim das contas não existe um eu que seja independente do resto do universo (doutrina do *anatta*).

E, se entendermos corretamente certas escolas de pensamento budista, os seres humanos retornam para a terra em vidas subsequentes em uma de seis formas, a última das quais é chamada Devas... termo traduzido como *Deuses* ou *Deidades*.

A antiga disciplina chinesa do taoísmo, por sua vez, fala de incorporação e pragmatismo, de uma prática para *atualizar a Ordem Natural* dentro de si mesmo. Os taoístas acreditam que o ser humano é um microcosmo do universo.

O hermetismo representa um conjunto de crenças filosóficas e religiosas baseadas principalmente nos escritos helênico-egípcios pseudoepígrafos atribuídos a Hermes Trismegisto. O hermetismo ensina que existe um Deus transcendental, o Tudo, ou uma "Causa", da qual todos nós, o universo inteiro, participamos.

Esse conceito foi exposto pela primeira vez na *Tábua de Esmeralda de Hermes Trismegisto*, nas famosas palavras: "Aquilo que está abaixo corresponde àquilo que está acima, e aquilo que está acima corresponde aquilo que está abaixo, para realizar os milagres da Coisa Uma."

E no sufismo, uma forma esotérica do Islã, o ensinamento *Não há Deus além de Deus* foi, há muito tempo, substituído *Não há nada além de Deus*, o que faria de mim... bem... *Deus*.

*

Já basta? Você quer ou precisa de mais? Uma visita à *Wikipedia*, a fonte à qual devo grande parte dessas informações, pode ser instrutiva e fascinante.

Leia também os livros notáveis de Huston Smith, um professor de religião mundialmente reconhecido. Alguns de seus livros que costumo recomendar são: *The World's Religions: Our Great Wisdom Traditions* [As religiões do mundo: Nossas grandes tradições de sabedoria] (1958, edição revisada em 1991, HarperOne) e *Forgotten Truth: The Common Vision of the World's Religions* [Verdade esquecida: A visão comum das religiões do mundo] (1976, reimpressa em 1992, HarperOne).

Então... essa é a minha resposta ao convite que a vida faz a mim e a todos nós em relação à escolha de quem eu sou. Sou um retrato do Divino. Sou Deus em forma humana. Todos nós somos.

Qual é a sua resposta?

CAPÍTULO 27

Juntando tudo: uma simples declaração que explica tudo

Muitas coisas foram neste livro. Eu espero que tenham lhe ajudado. Sei, pelo título, que você não o teria comprado se não estivesse criando em sua vida o máximo de oportunidades para continuar sua busca.

Não preciso nem lhe falar de que busca estou falando. Você sabe exatamente do que estou falando.

Se *Esta mensagem de Deus é para você* lhe ajudou a avançar em sua busca aproximando-o de uma percepção mais íntima de sua própria verdade, ele cumpriu seu propósito. Mesmo se sua verdade for diametralmente oposta ao que foi dito aqui, o livro fez seu trabalho. Pois, desde o início, seu propósito não foi, como *declarado* desde o início, convencê-lo de qualquer coisa, mas lhe sugerir algumas ideias que possam merecer uma análise.

Peço sua permissão para concluir este texto resumindo o livro inteiro em alguns parágrafos. Peço sua permissão porque para fazer isso preciso mais uma vez recorrer a uma ferramenta que tenho usado muito: a repetição.

Como disse já muito cedo, a nossa antiga história cultural tem resistido durante tanto tempo justamente porque seus adeptos não tiveram quaisquer escrúpulos de repeti-la inúmeras vezes.

Este livro sugere, em menos 60 mil palavras, em 26 capítulos, que escrevamos uma nova história cultural para substituir a antiga, que criemos uma nova maneira de ser humano para substituir a antiga, que produzamos uma nova experiência de vida para substituir a antiga.

Aqui, então, está a declaração simples e direta pela qual a humanidade tem esperado, uma explicação clara e concisa de toda a experiência humana.

O propósito divino da vida é que ela seja usada pela Divindade para expressar divindade a fim de que a Divindade experimente a divindade em todos os seus aspectos. Ou seja, Deus está usando a vida para experimentar a si mesmo.

A divindade só pode ser experimentada por meio de sua própria expressão. A Divindade pode ser imaginada, pode ser objeto de reflexão e pode ser conscientizada pela alma, mas, se não for experimentada, ela não passa de um conceito; se não for expressada, ela não pode ser experimentada.

Aqui, então, está o conhecimento da alma: a não ser que expresse a divindade, você não pode experimentá-la.

Você pode falar sobre amor, pode imaginar o amor, pode refletir sobre o amor, pode acreditar no amor como uma ideia conceitual, mas, a não ser que você o expresse, não pode experimentá-lo.

Você pode falar sobre compaixão, pode imaginar a compaixão, pode refletir sobre a compaixão, pode acreditar na compaixão como uma ideia conceitual, mas, a não ser que você a expresse, não pode experimentá-la.

Você pode falar sobre compreensão, pode imaginar a compreensão, pode refletir sobre a compreensão, pode acreditar na compreensão como uma ideia conceitual, mas, a não ser que você a expresse, não pode experimentá-la.

Divindade é tudo isso e muito mais. É paciência e gentileza, bondade e misericórdia, aceitação e tolerância, sabedoria e clareza, carinho e beleza, altruísmo e nobreza, benevolência e generosidade. E, sim, muito mais do que isso.

Você pode imaginar tudo isso, pode refletir sobre tudo isso, pode acreditar em tudo isso como uma ideia conceitual, mas, a não ser que você expresse tudo isso em você, não pode experimentar a divindade.

E você jamais terá a oportunidade de experimentar essas coisas, a não ser que a vida lhe forneça uma oportunidade. É isso que a vida está fazendo a cada dia. Na verdade, esse é o propósito da vida.

Portanto, quando a vida lhe traz desafios, dificuldades e condições, situações e circunstâncias únicas ideais para revelar o que há de melhor em você, "não julgue nem condene", mas seja uma luz na escuridão, para que você saiba quem realmente é e para que todas as vidas que você toque possam saber também quem elas são, por meio da luz do seu exemplo.

A ideia de que "Deus usa a vida para conhecer Deus" pode não ser nova, mas a razão pela qual Deus age dessa forma pode muito bem ser algo sobre o qual você deseja saber mais. Aqui, então, está a explicação.

Deus não pode experimentar tudo aquilo que é apenas na esfera espiritual, pois naquela esfera não existe nada que Deus não é. A esfera espiritual é o lugar em que Deus é tudo que existe, onde o amor é tudo que existe, onde a perfeição é tudo que existe. É um lugar maravilhoso, pois nele não existe nada além de divindade. É, em outras palavras, o que você chamaria de céu.

Existe, porém, essa realidade particular: não existe nada que Deus não seja. E, na ausência daquilo que Deus não é, aquilo que Deus é... não pode ser experimentado.

O mesmo se aplica a você. Você não pode experimentar o que você é a não ser na experiência daquilo que você não é. Nada pode ser experimentado a não ser que se encontre num campo contextual que inclua seu oposto.

A luz não pode ser experimentada sem a escuridão. O "alto" não tem sentido na experiência sem o "baixo". "Rápido" é simplesmente um termo, uma palavra sem qualquer sentido sem o "lento".

Apenas na presença da coisa chamada "pequena" é que a coisa chamada "grande" pode ser experimentada. Podemos dizer que algo é "grande", podemos imaginar que algo seja "grande", podemos conceituar algo como "grande", mas na ausência de algo "pequeno", o "grande" não pode ser experimentado.

Da mesma forma, na ausência de algo "finito", a "infinitude" não pode ser experimentada. Em termos teológicos: podemos conhecer "divindade" como conceito, mas não podemos conhecê-la por meio da experiência.

Por isso, todas as pessoas e todos os eventos da sua vida — hoje e no passado —, que parecem ser "contrários" ao que você é e ao que escolheu experimentar, são simplesmente dádivas da fonte mais sublime, criadas para você e levadas até você por meio do processo colaborativo de almas criativas, permitindo assim que você se encontre num campo contextual dentro do qual a experiência plena de quem você realmente é se torna possível.

Ou, como foi dito de forma maravilhosa em *Conversando com Deus*: "Eu lhe enviei nada além de anjos."

Essa é uma declaração que merece ser lembrada. Foi dito aqui que sua eterna jornada sagrada tem um propósito. É um propósito estabelecido pela própria Divindade.

O propósito divino é expandir a realidade de Deus.

Em Claire cristaliza essa ideia em seu poema *What Is It That You Were Given?* [O que é que lhe foi dado?]:

O que é que lhe foi dado?
Quero dizer: pela perda.
Após
Aquilo ter sido levado de você.
Aquela coisa sem a qual você jamais viveria:
A pessoa
Ou o lugar;
O segredo ou a circunstância.
Agora que aquilo se foi
E você já não pode mais chamá-lo de fundamento —

O que é que lhe foi dado?

Você sabe, e eu sei disso:
Existe um esvaziamento.
Algo vem e abre

Bem
No
Meio

E a partir deste momento
Você já não é mais imune a este mundo.

Você acorda, vagueia —
Cada familiar é agora um estranho.
Você caminha como que pela água
Até conseguir voltar para sua cama
E finalmente, mesmo ali, seus lençóis.
O cheiro de seu travesseiro — diferente —
Como se alguém pintasse diariamente o seu quarto,
E mudasse algo de lugar;
Perturbando um momento querido.

Veja, às vezes somos esvaziados.

Somos esvaziados porque a Vida quer que conheçamos

Muito
Mais

Luz.

Em palavras simples (e estas são palavras simples), Deus está crescendo, tornando-se mais de si mesmo, por meio do processo chamado vida. Deus é esse processo. Deus é o processo da vida em si... e seu resultado. Assim, Deus é Criador e Criatura. O Alfa e o Ômega. O Princípio e o Fim. O Movedor Imóvel. O Observador não observado.

Em termos não tão simples assim, Deus não pode "crescer", porque tudo que Deus sempre foi, é ou será, é *agora*. Não existe tempo nem espaço. Portanto, não existem tempo nem espaço para crescer. O ciclo da vida ocorre simultaneamente por toda parte.

Aquilo que a mente humana pretende chamar de "crescimento" de Deus é o processo por meio do qual as individuações da Divindade experimentam e assim se conscientizam cada vez mais daquilo que Deus já sabe a respeito de si mesmo. Mas até mesmo isso aparenta exigir a sensação ou condição que chamamos de "tempo" para poder ocorrer... a não ser... que todo o conteúdo esteja manifesto, na realidade última, em um único lugar — assim como num DVD de um filme toda a história já existe em sua totalidade neste momento, mas nós experimentamos o *desdobramento* da história ao assistir à totalidade de um modo específico. Esse processo, por meio do qual as partes individuais experimentem o Todo aos poucos, é o que chamamos de evolução.

Nem tudo pode ser explicado fácil ou completamente em termos humanos. Nenhuma forma finita, pelo simples fato de ser finita, pode abranger a consciência, percepção e experiência infinita do Todo, mas cada forma individuada foi criada unicamente para refletir um aspecto específico da Divindade. O Todo se divide (a divisão não deve ser confundida com separação), recriando a si mesmo em forma menor e finita.

Juntando todas essas peças, assim como juntamos as peças de um quebra-cabeças, obtemos uma imagem daquilo que todas essas peças criam. Ou seja: Deus.

Todas essas peças fazem parte da imagem, e nenhuma peça é menos parte da imagem do que outra.

Algumas formas de vida têm recebido um nível de essência essencial (a energia primária da qual tudo emerge) necessário para produzir a possibilidade de essa essência conhecer a si mesma. Essa é a qualidade que, em determinados seres vivos, chamamos de autoconsciência.

A vida humana (e, como suspeitamos com boas razões, também a vida em outras partes do universo) foi projetada a fim de possibilitar aquilo que chamamos de "expansão" da consciência e experiência.

Na verdade, a consciência humana é capaz de se expandir até mesmo ao ponto de, mais uma vez, vir a se conhecer como parte do Todo. Jesus, por exemplo, disse: "Eu e o Pai somos um." Ele compreendeu perfeitamente o seu relacionamento com Deus. Ele compreendeu que a imagem criada pelas peças do quebra-cabeça não era completa sem ele. Ele era a conclusão. Assim como todos nós também a somos.

Tire uma peça do quebra-cabeça e a imagem não está mais completa. A experiência de se tornar plenamente autoconsciente ocorre por meio de um processo pelo qual, na verdade, o aspecto individuado não cresce, mas se torna cada vez mais ciente de que ele não precisa crescer, mas que já é, em sua forma individuada, a própria divindade. A peça individual se reconhece como o próprio quebra-cabeça, simplesmente dividido.

A espetacular transição fisiológica, psicológica e teológica para esse nível mais alto de autoconsciência ocorre apenas uma vez na história de cada espécie consciente no cosmo — e é exatamente isso que está acontecendo com a humanidade neste momento.

CAPÍTULO 28

Isto é realmente uma mensagem de Deus?

Tão certo quanto tudo na vida é uma mensagem do Divino (e muitos têm declarado que grande parte é exatamente isso), as ideias deste livro também o são. Você as trouxe para a sua vida, atraindo-as para a sua esfera, da mesma forma como você magnetiza — em algum nível — tudo que faz parte da sua experiência, e tudo isso com o mesmo propósito: a sua própria evolução.

Deus tem apresentado ao mundo as mensagens encontradas aqui já antes disso. Essas mensagens têm sido enviadas muitas e muitas vezes. Essas verdades têm sido proclamadas ao longo de todos os anos e todas as eras da humanidade, nas vozes e nos escritos de inúmeras pessoas.

E agora o dia do mensageiro individual chegou ao fim. Este é o momento em nossa história em que a mensagem de toda a humanidade manifesta plenamente seu efeito cumulativo. Pois, pela primeira vez na experiência da nossa espécie, *podemos falar uns com os outros instantaneamente.*

Neste momento, a internet está fazendo para a humanidade o que a prensa de Gutemberg fez em 1440. Aquele método de impressão não só criou uma revolução na produção de livros, mas também proporcionou um grande e rápido avanço para a sociedade, facilitando a propagação de conhecimento e o compartilhamento de sabedoria por meio da produção de textos, disponibilizando amplamente as informações contidas neles.

Então, justamente quando pensávamos que havíamos atingido o auge da transmissibilidade de informação nos meados do século XX, surgiu a internet, fazendo exatamente a mesma coisa que a prensa de Gutemberg fizera 500 anos antes, mas dessa vez avançando a evolução da humanidade em velocidade ainda maior.

E, assim como já na época houve grandes esforços para impedir, por meio da proibição de certos livros (prática que continua até os dias de hoje), que as massas se abrissem para determinadas ideias, hoje alguns países também fazem esforços gigantescos para banir determinados sites e limitar o alcance e o acesso à internet por todos, e tudo isso com o mesmo propósito: a fim de que determinadas ideias, que as pessoas em posições de controle e poder não querem ver compartilhadas, não sejam espalhadas facilmente.

Mas o avanço da evolução não será e não pode ser contido, apenas adiado, e virá o dia em que o compartilhamento de ideias revolucionárias sobre Deus produzirá toda uma nova história cultural para a humanidade.

*

Eu lhe garanto que o dia virá em que nos perguntaremos como pudemos pensar que nós e Deus não éramos Um; como pudemos pensar que nós e cada ser humano em cada país não tivéssemos exatamente o mesmo interesse e não estivessem dispostos a compartilhar todas as riquezas, todos os recursos e todas as maravilhas disponibilizados pela vida física neste planeta glorioso.

Virá o dia em que nos perguntaremos como pudemos pensar que Deus tinha "filhos eleitos", melhores do que todos os outros filhos de Deus, que homens eram melhores do que mulheres, que os brancos eram melhores do que os negros, que os heterossexuais eram melhores do que os homossexuais — ou que até mesmo a *ideia* de "melhor" existia na mente de Deus.

Para que esse dia venha mais cedo, teremos de mudar nossa ênfase sobre como resolver os problemas da humanidade. Para ser justo com a nossa espécie: não é que não tenhamos tentado. Tentamos. Mas a dificuldade — a razão pela qual bilhões e bilhões de pessoas continuam a viver em extrema pobreza, sem eletricidade e sem a dignidade de instalações sanitárias — é que, durante séculos, a humanidade tentou resolver seus problemas *em cada nível, exceto no nível em que o problema existe.*

E ela continua a agir da mesma forma ainda hoje.

Hoje, nós abordamos nossos problemas como se fossem problemas políticos, abertos a soluções políticas. Falamos sobre eles, organizamos debates sobre eles e assinamos resoluções para eles.

Quando nada muda, procuramos solucionar nossos problemas por meio de recursos econômicos. Investimos dinheiro neles ou lhes negamos dinheiro, como no caso de sanções.

Quando isso falha, dizemos: "Ah! Esse é um problema que precisamos delegar às forças armadas. Vamos resolvê-lo a força." Então atiramos nele com balas e jogamos bombas. Isso também nunca funciona, se o que queremos é uma solução de longo prazo. Mas você acha que nós aprendemos com isso?

Não. Simplesmente reiniciamos todo o ciclo. Convocamos uma "conferência de paz" e voltamos à mesa de negociação. Lá, negociamos reparações e ajudas financeiras para curar as feridas abertas e acalmar as massas agitadas. Quando descobrimos que isso é apenas um beco sem saída, voltamos às armas. Tragam as armas. Tragam os caixões.

A razão pela qual continuamos a correr como um rato na roda é que ninguém ousa olhar para a *causa* dessa condição que aparentemente estamos fadados a suportar.

Ou realmente não sabemos ou temos medo de reconhecer que nosso maior problema hoje não é um problema político, não é um problema econômico, não é um problema militar.

O maior problema da humanidade hoje em dia é um problema espiritual. Tem a ver com as *crenças* da humanidade.

Uma vez que entendemos isso, a solução se torna óbvia. Se não entendermos isso, a solução sempre escapará de nós.

*

Eu observo que a maioria das pessoas constrói sua vida em torno de duas reações: pensar e fazer. As pessoas pensam sobre coisas e fazem coisas; pensam sobre coisas e fazem coisas; pensam sobre coisas e fazem coisas. E o que elas fazem *depende daquilo que pensam.*

Isso pode parecer quase absurdamente óbvio, mesmo assim é importante dizê-lo aqui, porque quase todas as organizações não governamentais e agências governamentais do planeta estão tentando melhorar nosso mundo mudando o que os humanos estão fazendo em vez de mudar o que os humanos estão pensando.

É o que as pessoas *acreditam* que gera sua conduta. Repetimos isso aqui muitas vezes e precisamos continuar a dizê-lo. É no nível das crenças, não no nível da conduta, em que a experiência da humanidade será transformada mais profundamente.

Durante décadas, ficamos presos em um ciclo vicioso sobre *modificação comportamental.* Na verdade, deveríamos falar sobre *modificação de crenças.* Mas agora estamos falando sobre a parte mais sagrada do fundamento das pessoas. Muitas pessoas preferem morrer — ou matar — por suas crenças a mudá-las.

Não importa se as crenças em si são funcionais. Não importa se elas estão deixando as pessoas mais felizes e tornando suas vidas mais produtivas. Algumas pessoas preferem ser infelizes fazendo o que acreditam a ser felizes fazendo outra coisa.

Essa é a essência do problema. Esse é o ponto em que a família humana precisa focar toda a sua atenção. Se realmente quisermos mudar nossas vidas e, nas maravilhosas palavras de Robert Kennedy, buscar um mundo novo, é nesse ponto que precisamos *concentrar toda a nossa atenção.*

Veja esta última citação de *The New Revelations* [As novas revelações]:

> Todas as condutas são alimentadas por crenças.
>
> Você não pode fazer uma mudança de longo prazo em condutas sem tratar das crenças subjacentes.
>
> Neste momento, seu mundo está enfrentando problemas enormes, e você precisa *resolver os problemas no nível das crenças.* Você não pode resolver os problemas no nível das condutas.
>
> Procure mudar as crenças, não as condutas.
>
> Após mudar as crenças, as condutas mudarão automaticamente.

Mas somos uma sociedade que se orienta pela ação. O mundo ocidental sempre encontrou suas soluções na ação, não na contemplação ou na filosofia silenciosa.

> Você pode usar qualquer ação que queira para mudar ou impedir a conduta de outra pessoa, mas se não mudar as crenças que geraram tal conduta, você não mudará nem impedirá qualquer coisa. Você pode alterar uma crença de duas maneiras: explicando-a ou mudando-a. Mas você precisa fazer uma dessas coisas,

caso contrário não conseguirá mudar o comportamento. Você apenas o interromperá.

Em outras palavras, a conduta voltará.

Existe qualquer dúvida em relação a isso? Você não vê como sua história se repete?

Sim, eu vejo isso. E é frustrante.

Sua espécie repete a mesma coisa sempre de novo porque não mudou suas crenças fundamentais — sobre Deus e sobre a Vida — em milênios.

Praticamente todas as escolas e todas as culturas de seu planeta ensinam crenças, de uma forma ou de outra. Muitas vezes, vocês apresentam crenças como "fatos", mas nem por isso deixam de ser crenças.

Isso não seria tão ruim assim e vocês não produziriam resultados tão terríveis se aquilo que vocês creem, se aquilo que vocês ensinam fosse o que é assim. Mas não é o que é assim. Vocês ensinam aos seus filhos o que não é assim e dizem a eles: "É assim que é."

Em circunstâncias normais, vocês não fazem isso intencionalmente. Vocês não sabem que se tratam de equívocos. Trata-se, afinal de contas, das coisas que eles lhe ensinaram. Portanto, você supõe que sejam verdade. É dessa forma que os "pecados" do pai são repassados para os filhos, por várias gerações.

Em algumas escolas — sobretudo algumas escolas religiosas, onde as crianças são encorajadas desde cedo a ver a vida pelas lentes de algumas doutrinas religiosas e de alguns preconceitos culturais —, o resultado disso é a criação contínua de condutas incrivelmente negativas que refletem crenças extremamente equivocadas.

Vocês ensinam seus filhos a acreditar num Deus intolerante e, assim, justificam suas condutas de intolerância.

Vocês ensinam seus filhos a acreditar num Deus irado e, assim, justificam suas condutas de ira.

Vocês ensinam seus filhos a acreditar num Deus vingativo e, assim, justificam suas condutas de vingança.

Então vocês enviam esses seus filhos para a batalha contra os demônios que vocês mesmo criaram. Não é por acaso que o maior número de "guerreiros" em qualquer movimento radical seja de jovens.

Quando você transfere os mais jovens de suas escolas religiosas ou academias militares diretamente para seus campos de batalha, prometendo-lhes que estão lutando por uma "causa maior", ou por "um propósito mais nobre", ou que Deus está do seu lado, o que você acha que eles pensarão?

Deveriam eles se opor aos seus anciãos, seus mestres, seus sacerdotes, seu *ulama*?

Se você não tiver cuidado, seus próprios filhos o destruirão.

*

O desafio central do nosso tempo é claro: convidar, encorajar, induzir a humanidade a considerar — apenas *considerar* — a possibilidade de que pode existir algo que não compreendemos totalmente sobre Deus e sobre a vida, compreensão esta que mudaria tudo.

O que o nosso mundo precisa é de um movimento de direitos civis para a alma, que enfim liberte a humanidade da opressão de suas crenças em um Deus violento, irado e vingativo.

Para esse fim, eu me juntei àqueles que concordam com esse ponto de vista no mundo inteiro e criamos Humanity's Team (www.HumanitysTeam.org) para, por meio dessa organização mundial, iniciar uma revolução da evolução.

Eu o convido a se unir a nós nesse esforço, pois a elevação da humanidade por meio da evolução da humanidade não é algo que pode ser realizado sem você. Convidamos, encorajamos — imploramos! — seu envolvimento direto.

A grande tristeza é que acreditamos não poder mudar nada disso. A grande felicidade é que podemos, sim. Tudo o que precisamos é de uma mudança na consciência, e conseguir isso é mais fácil do que muitos imaginam.

Toda mudança na consciência é criada por pessoas que já mudaram sua consciência e que então compartilham de forma ativa, entusiasmada e expansiva suas ideias com os outros, descrevendo as possibilidades que uma nova história cultural apresenta à humanidade.

Em *The Storm Before the Calm* [A tempestade antes da calma], eu expus uma observação brilhante compartilhada com a humanidade por Margaret J. Wheatley, autora de *Turning to One Another: Simple Conversations to Restore Hope to the Future* [Voltando-nos uns para os outros: Diálogos simples para restaurar a esperança no futuro] (2002). Wheatley não é uma pessoa sem currículo. Consultora globalmente conhecida sobre comportamento organizacional, ela obteve seu título de doutorado da universidade de Harvard, tem mestrado em pensamento sistêmico da universidade de Nova York e trabalhou em cada continente com todos os tipos de organização. O que ela diz é o seguinte: "Não existe maneira mais poderosa de iniciar uma mudança social significativa do que iniciando uma conversa."

E então está aí algo que você pode fazer. E você não precisa virar sua vida de ponta-cabeça ou se comprometer a dedicar centenas de horas por mês (que você não tem) para fazê-lo. Basta estar disposto a conversar sobre coisas. Expressar em voz alta o que está dentro do seu coração.

Você pode fazer isso levantando o assunto sempre que pessoas estimulantes se reúnem. Você pode até *reuni-las* através de um grupo de debate em seu próprio lar. Se você é cristão e realmente ousado, pergunte ao pastor de sua igreja local se ele permite que você inicie esse grupo de debate na própria igreja.

Se isso tudo for "visível" demais para o seu gosto, você pode ser aquilo que eu chamo de "ativista silencioso". Ofereça este livro a membros da família e a amigos e apenas pergunte a eles o que acham disso. Espalhe cópias do livro por toda parte. Esqueça uma cópia no banco no parque ou no assento do ônibus. Esconda-o entre as revistas no cabelereiro. Deixe-o cair na cafeteria. Esqueça-o no avião. Encontre maneiras de se juntar a uma rede de distribuição clandestina.

Se você achar que falar abertamente sobre tudo isso pode não combinar com o mundo acelerado de hoje, que não tem tempo para conversas, reflita sobre o que Wheatley observou, em 2002, num artigo na revista *Utne Reader*: "Um diálogo autêntico é [...] uma maneira atemporal e confiável de fazer os seres humanos pensarem juntos. Antes de existirem salas de aula, reuniões ou grupos de discussões, já existiam pessoas que se sentavam para conversar."

> Podemos nos encorajar com o fato de que este é um processo que todos nós conhecemos. Podemos nos encorajar também com o fato de que muitas pessoas desejavam voltar a conversar [...] Estamos reativando uma prática antiga, uma maneira de nos reunir que todos os humanos entendem profundamente.

Depois disso, Wheatley ofereceu um último comentário poderoso:

> A mudança não ocorre quando alguém anuncia o plano. A mudança começa nas profundezas de um siste-

ma, quando algumas pessoas percebem algo que não estão dispostas a tolerar por mais tempo, ou quando elas reagem ao sonho de alguém sobre aquilo que é possível.

E exatamente disso, ao pé da letra, que trata a revolução da evolução. É um chamado às pessoas em todos os lugares, reunidas em grupos pequenos de ativistas espirituais no mundo inteiro, para que iniciem uma conversa global para *semear as sementes da sanidade*, que, por fim, produzirá a *civilização da Civilização.*

Eu convido você a participar desse esforço, pois o trabalho da evolução da nossa espécie tão amada só avançará se você acatar essa obra como sendo sua.

Eu simplesmente derramo tudo em Deus.
Não sei se meu deus é
Também o seu deus:

Ele é feito de Amor?
Ele quer para você o que você quer para si mesmo?
Ele vem a você com as mãos abertas,
Pedindo nada, mas disposto a tudo?
Ele sussurra em seu ouvido a Luz e a
Tranquilidade e o aponta para qualquer
Trilha que o leve até lá?
Ele o lembra de sua Visão?
Ele o lembra de seu Conhecimento?
Ele o lembra do Amante mais tenro
Com quem você jamais sonhou, acariciando
Todo o seu corpo
Ou acalmando a ansiedade do seu coração?

Ele jamais se atrasa?
Ele jamais se vai?
Ele é feito de Amor?

— "Ele é feito de Amor?", em claire (© 2014 Todos os direitos reservados)

Leituras adicionais

Se a mensagem deste livro criou em você um desejo de continuar sua exploração para além da história cultural atual sobre a natureza da Divindade, um livro em especial pode ser extraordinariamente estimulante, criticamente importante e tremendamente impactante. Eu o citei várias vezes neste texto. Seu título é *The New Revelations* [As novas revelações] e é o sexto livro da série *Conversando com Deus.*

Eu lhe garanto que você não se arrependerá de ler esse livro. E, se já o leu, leia-o mais uma vez. Agora, ele significará ainda mais para você.

Úteis são também os seguintes títulos, que aumentam e oferecem uma expansão narrativa considerável do material original da série *Conversando com Deus*:

Se tudo mudou, mude tudo! (Editora Agir, 2010)
The Only Thing That Matters [A única coisa que importa]
The Storm Before the Calm [A tempestade antes da calmaria]
The Holy Experience [A experiência sagrada]
What God Said [O que Deus disse]

E, se você quiser "permanecer conectado" com a energia deste livro de forma interativa, visite www.cwgconnect.com, onde uma comunidade global explora continuamente as maneiras como essas mensagens podem ser aplicadas no seu dia a dia — e onde você e eu podemos nos encontrar para discutir todos os temas abordados neste livro.

Publisher
Kaíke Nanne

Editora executiva
Carolina Chagas

Editora de aquisição
Renata Sturm

Coordenação de produção
Thalita Ramalho Aragão

Produção editorial
Anna Beatriz Seilhe

Revisão de tradução
Daniel Borges

Revisão
Mariana Moura
Clarisse Cintra

Diagramação
Julio Fado

Este livro foi impresso no Rio de Janeiro, em 2015, pela Edigráfica, para a Editora Agir. A fonte usada no miolo é Minion Pro, corpo 11,5/15. O papel do miolo é avena 80g/m2, e o da capa é cartão 250g/m2.